U0633347

THE
PANIC OF
1907

# 1907
# 美国大恐慌

金融危机中政府、银行
与金融巨鳄的博弈

黄春燕　史颖波 ———— 著

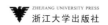

ZHEJIANG UNIVERSITY PRESS
浙江大学出版社

目
录

第一章

**从昨天到今天：**
**大恐慌启示录**

众所周知，1907 年的大恐慌是美国历史上最严重的金融危机之一。这场危机终结了美国的国家银行时代，加快了美联储的诞生。在纪念大恐慌 100 周年的演讲中，时任美联储理事弗雷德里克·米什金（Frederic Mishkin）教授说："这场危机对整体经济的危害是历届政策制定者都不会忘记的。"

100 多年前的美国是世界列强中最年轻的国家。100 多年前的纽约市正在向大西洋彼岸的世界金融中心伦敦发起挑战。即便这个国家如此的欣欣向荣，这场危机的破坏力依旧令华尔街颤抖。特别是在危机的爆发地纽约，挤兑不仅让金融机构岌岌可危，而且引发了前所未有的失业潮。当时的媒体披露，1907 年年底，纽约市工会成员中，平均每三个人就有一个处于无业状态。这些工会代表着约 10 万名有组织的工薪族。单就纽约市来说，如果和 2020 年新冠病毒大流行给这座城市造成的不到 15% 的失业率（2020 年 5 月数据）来做对比的话，1907 年的大恐慌更具破坏性。

在宏观层面，大恐慌导致美国的生产减少 11%，进口减少 26%，失业率从 3% 上升到 8%，破产公司数量达到历史第二高峰。在违约债务方面，根据《邓氏评论》统计数据，1907 年的金融危机产生了共计约 4.3 亿美元的违约债务，而当年美国的 GDP 为 342 亿美元，违约债务占 GDP 的比例超过 1%。其中商业领域发生约 1.9 亿美元的违约债务。最严重的企业损失还是发生在银行业，暂停营业的金融机构共计 132 家，涉及违约债务金额高达 2.3 亿美元，不过很多银行迅速恢复了业务。在正常年份如 1906 年，经历类似遭遇的金融机构共计 58 家，涉及违约债务金额不到 2000 万美元。所有暂时关停的金融机构都统计在倒闭的数据之中。

虽然大恐慌重创了纽约并且波及了美国经济的基本面，但在金融危机爆发之前，美国经济的基本面并没有发生重大的改变。再加上危机爆发之后，从政府到行业组织，从企业领袖到身陷挤兑风潮的金融机构，一场穿透整个社会的救市行动果断而且有力，在 3 周的时间内将危机最核心的部分成功化解。虽然也发生了高额的违约债务，但是大恐慌这一年的违约债务额比以往出现过金融危机的年份都低得多。这也让这场救市行动成为一个值得深入剖析的经典案例。

当然，这场救市行动之所以能成功，是因为有很多外在的有利因素。比如，最重要的因素之一是这是一场发生在经济繁荣时期的危机，内生的增长动力可以在危机过后让经济迅速恢复。还有一个有利的因素是这场危机仅发生在美国，没有外溢到欧洲。不仅如此，欧洲的投资人纷纷看好美国的证券市场，在纽约证券交易所的股价持续暴跌之后，欧洲的投资人成为抄底的主要力量之一。

从市场与监管、垄断与竞争的视角来看，这场恐慌可以用几条脉络来粗略地勾勒和概括：从证券市场来看，它肇始于铜板块一家上市公司的股价暴跌，终止于钢铁板块的一桩合并案，贯穿始终的，是联邦政府对铁路行业的大力监管所引发的争议。有两位不可一世的企业家成为这场恐慌的见证者：约翰·D. 洛克菲勒（John D. Rockefeller）和约翰·皮尔庞特·摩根（John Pierpont Morgan）。他们在这场危机中扮演的角色有相同点也有不同点，但背后都交织着垄断与监管的阴影。从恐慌爆发的背景原因之中可以看到洛克菲勒的身影：他的标准石油公司（Standard Oil）身陷垄断危机，与司法部进行了一场司法大战并且最后被判决罚款 2900 万美元，这个消息在全社会尤其是企业家群体中引起了不安。而摩根用一桩有垄断嫌疑的并购案，终止了危机的加剧和蔓延。相同的是，两人都是救市的主导力量。虽然在本书中我们着力讲述的是摩根团队跌宕起伏的救市行动，但其实，在救市过程中，洛克菲勒与摩根的努力都不可忽视。除了通过媒体公开喊话，呼吁各方"伸出援手来重建公众信心"，洛克菲勒还在纽约人信托公司（Knickerbocker Trust Company）① 停止营业的第二天公开承诺"尽我一切资源来救援"，并且提供了他所有证券的一半来帮助救市，这个数字和摩根的救市力度应该不相上下。

100 多年前的美国金融体系和今天有着诸多本质上的不同。比如那时候是金本位制，现金涵盖了三种东西：黄金、白银和纸币。美联储还没有诞生，根本没有金融监管的概念，人们对货币政策的认识相当初级，金融对社会的渗透力还非常有限。比如，当时最大的金融机构之一纽约人信托公司的储户不过 1.8 万人，占大约 340 万纽约市人口的 0.5%。纽约证券交易所虽然年轻，但它 265 亿美元的总市值已经占到当年美国 GDP 的近八成。2020 年 1 月疫情暴发之前，美股总市值达 34 万亿美元，相当于美国 GDP 的 1.6 倍。虽然有诸多根本上的不同，但在看待这段惊心动魄的历史时，我们会发现那些熟悉的情节和今天何其相似，比如，导致金融危机爆发的结构性原因来自信托业的野蛮扩张，这简直就是当前频频爆雷的 P2P（Peer to Peer，点对点网络借款）的另一个版本。

历史总是惊人的相似。在今天，我们面对的是新冠病毒大流行带来的不确定性。虽然相隔 100 多年，但在危机爆发之初我们面临同样的恐慌、同样的挤兑、同样的停摆。可以说，两场跨越时空的危机有着同样的节奏、同样的语法。在我们分析大恐慌体现的救市哲学之前，先让我们来

---

① 也译为尼克博克信托公司。

对眼前的这场危机和 100 多年前的危机做一番对比，让我们从两场性质不同、本质不同的危机中重新理解危机。

## 从大流行到大恐慌：一样的恐慌，一样的挤兑

### 危机是从看见到看不见，再到看见的过程

　　一场是严重的金融危机，一场是严重的流行病灾难；一场是内生的，一场是外在的；一场发生在 100 多年前的美国，一场目前还在全球铺天盖地地蔓延。回顾这两场性质完全不同的危机，如果让我们总结一下它们的共同之处，就会发现这样一个规律：危机是从看得见到看不见，再到看得见的过程。以近在眼前的病毒大流行为例，早在几年前，就已经有流行病方面的专家警告过病毒大流行的可能，他们预见到了危机，一直试图引起世人重视，甚至在这方面已经有所筹谋，但当疫情暴发的时候，谁也没有意识到，病毒大流行真的到来了。100 多年前的大恐慌也是如此。在危机爆发的几年前，银行业的专家已经意识到了严峻的现实和可怕的后果，他们当中甚至有人曾经在脑海中做过灾难的推演。但当危机被引爆的时候，人们以为那不过是铜行业市场的萎缩导致的铜行业公司股票的暴跌，是一场正常的市场调整。当他们看见的时候，危机已经有了结果：一周之内，两家股票经纪公司破产，一家小的储蓄银行因挤兑而关门，至少 3 家国民银行因为坏账导致资不抵债而需要救助。

　　之所以两场性质不同的危机有着类似的逻辑，一个原因在于坏账和病毒的传播有着相似之处：你看不见它们，只能看见它们所导致的结果。当你看到结果，危机就已经近在眼前了。这时，人们会有一种"醒过来"、恍然大悟同时又手足无措的感觉。我们可以将 1907 年的大恐慌和今天的病毒大流行做一个简单的类比："病毒"的名字叫坏账，"零号病人"是海

因策三兄弟，①症状是操纵铜业公司股票而破产。"1号病人"是海因策的亲密接触者——海因策任行长的一家国民银行，其症状是接受了铜业公司股票做抵押贷款因而资不抵债。之后一周之内出现问题的银行，全部是与海因策有密切接触的，至少包括3家国家银行需要救助，2家股票经纪公司直接破产。之后，恐慌开始在纽约市全面爆发并在一周之内从银行业扩散到信托业，从纽约蔓延到其他城市。就像谁也无法想象小小的新冠病毒会把全世界拖入一场巨大的灾难一样，1907年时，谁也不会想到，几个过于激进的投资人对一只股票的投机失败会给纽约金融业带来一场毁灭性的打击，在最恐慌的时候几乎导致金融机构完全瘫痪。

虽然出现病征的金融机构都出现在海因策系的投资组合里，但并不是所有的密切接触者的病毒检测都会呈现阳性。当时，海因策系一共投资了6家国民银行、12家纽约当地银行、五六家商业银行及4家保险公司。躲过此劫的金融机构，究竟凭借的是运气还是自身的免疫力，也是看不见但又相当值得研究的部分。

危机是从看得见到看不见，再到看得见的过程。第一次看见得太早，第二次看见得太晚，这正是危机的可怕之处、危害之处。但是既然看到了，也可以说不算晚，因为最终时间是站在我们这一边的。

---

① 海因策三兄弟中牵头的是弗里茨·奥古斯塔斯·海因策（Fritz Augustus Heinze）。据美国经济学家罗伯特·F.布鲁纳（Robert F. Bruner）和肖恩·D.卡尔（Sean D. Carr）的研究，海因策祖籍德国，不到20岁时，他为了开发铜矿而定居蒙大拿州。海因策发明了几种独创的金属开采和熔炼方法，但这些技术并没有马上给他带来滚滚财富，于是他决定另辟蹊径。当时蒙大拿州的法律规定，一旦矿脉被发现，所有者就拥有全部的开采权，由此带来所有权和开采权的激烈争夺。拥有37名律师的海因策通过各种起诉来巩固自己对矿脉开采的垄断。他曾一度同时发起133起诉讼案。而他面对的最强大的对手是洛克菲勒，后者也试图垄断铜矿的开采权。经过多年的明争暗斗，标准石油公司最终在1906年年初买下了海因策大部分的铜矿所有权，并付给他1250万美元的现金和同等价值的一家铜业公司的股票。这些钱立刻被投向了华尔街，海因策兄弟迅速成为小有名气的投资家，并在一年之后引爆了金融危机。

## 挤兑：不同的危机，相同的症状

不管是坏账还是未知的病毒，只要是不确定的坏消息都会引发恐慌，恐慌会传染而且很难预防和控制。危机与恐慌就像一对难兄难弟，恐慌助长危机，危机的破坏性又催生更多的恐慌。在大恐慌和大流行病期间，具有传染性的恐慌导致了一个类似的现象：挤兑。病毒破坏的是人的健康，造成的是对医疗资源的挤兑；坏账破坏的是金融系统的健康，造成的是对金融机构的挤兑。挤兑的后果也非常相似，医疗机构缺乏医疗资源和金融机构缺乏流动性，都是资源无法承受冲击的表现。因此，两者虽然是不同的危机、不同的配方，却有同样的结果。

100 多年前美国的银行体系，一旦被"病毒"击中，危机非常容易扩散。当时的银行体系分为几个层级：农村小银行吸收当地存款，并为当地活动提供资金，多余的存款则放入中等城市银行的账户，这些银行最后再将存款放进整个国家的金融中心的银行，而纽约就是最大的金融中心。如果一切运行良好，那么这样一个等级分明的银行体系就能以最优方式利用存款，并根据需求合理分配贷款。但是这个环环相扣的链条一旦某个局部出现问题，整个体系就会被迅速传染并瘫痪。这也为人们讨论中心化和去中心化结构的优劣提供了一个金融方面的案例。在繁荣时期，也许中心化的结构比去中心化的结构优点更多，但在危机时刻，中心化的缺点就会暴露无遗。

金融业和医疗行业一样，都面向社会公众，提供的都是必不可少的公共服务。所以来自这两个行业的危机，其爆发和演化有着相近之处。但其不同之处也极其明显，比如针对病症可以制订治疗方案，为了降低传染风险全社会可以主动选择停摆一段时间。这些都是病毒大流行与金融危机的不同之处。

## 救市与救命：急剧压缩的时间轴

危机是时间轴被快速压缩的过程，行动的时间窗口变得异常短暂并且飘忽不定。无论是救市还是救命，都是与时间赛跑。赢得时间，才能赢得行动的空间。因为迟疑而浪费时间，只会加剧危机。

危机是反时间的。危机越猛烈，时间轴就被压缩得越厉害，需要调度大量资源的救市行动就将愈发困难。比如，虽然 100 多年前人们的时间表不像今天这样密集，但是那时危机的时间表和今天几乎是一样的。从危机出现在纽约人信托门口到纽约人信托关门，不过 24 小时的时间，这其中真正可以施以援手的时间不过一个夜晚。这样突然而且逼仄的时间窗口，在 100 多年前专业人士无法来判断它是否值得救助，在 100 多年后的今天，人们仍然无法做出充分的判断。因为在这 100 多年前后，人们在思考并做出判断上需要的时间并没有显著的改变。比如贯穿本书的核心人物之一本杰明·斯特朗（Benjamin Strong），从凌晨 2 点接到摩根的电话要求他去审计美洲信托公司（Trust Company of America）的账务，到下午 1 点他和团队完成任务，只有 11 个小时的时间。美洲信托是当时纽约最大的金融机构之一。今天，公司的规模越来越庞大，业务形态越来越复杂，判断一家有一定体量的金融机构是否值得救助，仍然需要一些时间。不同的是，100 多年后的今天，人们在做出判断之后的行动力上，有了显著的提高，这得益于今天的科技水平。

在时间轴被压缩的时空里，人的精力和斗志也会被压缩到极限：深更半夜的电话，不眠不休的讨论，意想不到的紧急情况，一个接一个。危机决定了时间表，100 多年前和 100 多年后，依旧如此。

# 救市原则：确定性，确定性，确定性

面对错综复杂、模糊不定又急速变化的危机，什么是人们行动的准则呢？所有的危机都具有强大的破坏性，毫无疑问，将危机的破坏性降到最低是首要任务。但是，如何将这种破坏性降到最低呢？

在大恐慌中，我们看到有两种人因为恐慌而日夜忙碌，一种是在银行里挤兑的群众，为了能够取到钱，他们会在银行门口排队等上 15 个小时。一种是银行办公室里马拉松式的一场接一场开会的总裁们。其中的代表人物是摩根，他甚至因为过于疲惫而在开会时睡着了。戏剧性的是，后者所有的努力，目的就是让那些排队的人不再排队。

金融是社会性的，金融危机一旦爆发立刻就将穿透全社会。处理危机、遏制危机，也必须动用全社会的力量。在大恐慌中，从政府到民间，动用了一切力量和办法来终止危机。这些办法有的是看得见的，有的是看不见的；有的是宏观上的，有的是细节上的。危机之所以总是伴随着巨大的动荡，其中一个原因就是它让全社会都产生了巨大的不确定性，救市的原则就是用确定性来战胜不确定性。因此，如何创造确定性是救市的核心要义。

## 成功的救市是通过机制上的调整注入确定性

应对危机，一定要打破惯例，这意味着要做出制度层面的调整，调整的原则当然是最大限度地提供确定性。而其难度在于，仓促之间不可能做出制度层面上的重大调整，而只能是一些简单易行、方便操作同时很容易退出的调整。这些调整必须既能保持系统的稳定运行，同时又能足够有力地起到救市的效果。

大恐慌中的救市过程，我们可以看到两方面的努力：一方面是贯穿始终的解决流动性问题，另一方面则是通过一系列的制度调整输出确定性，减少脆弱性和波动性。比如，民间行业组织结算行（Clearing House）发布银行业运行数据的时间点，按照惯例是在股市收盘之前，但在恐慌爆发之后，结算行做了两项调整，一是将信息披露的时间从收盘之前调整到收盘之后，二是停止过去公布各银行详尽的运行数据的做法，仅仅公开贷款、现金、货币流通、存款和盈余储备变动等银行业务的基本运行情况。在今天看来，这两项微小的调整也许无足轻重，但在当时，人们对危机期间如何进行正确的市场操作还缺乏系统的认知，因而这些调整是非常巧妙同时又非常具有创造性的救市行动。

它的创造性在于这是反直觉的做法。一般人们会认为危机中需要透明度，比如，现在的新冠病毒大流行期间，人们可以非常迅速地了解各个国家、各个城市的实时疫情动态。疫情严重的时候，每天有新闻发布会面向公众发布信息，疫情的透明度前所未有地高。但其实，100多年前人们已经意识到，有时候太高的透明度反而会增加恐慌，增加人们的心理负担，因为它忽视了人们的脆弱性，忽视了透明度有可能放大不确定性。对于危机中非常核心的银行业的风险情况，结算行选择部分公开，不是百分之百透明但也足够透明。可以说是非常有创造性的做法。今天，人们面对的挑战是碎片化信息的极速传播，如何实现适当的透明度越来越难。

调整公告时间的做法也恰到好处：既向投资人提供了确定性——每天收盘以后都确定会发布公告，又避免了在收盘之前公布造成很大的不确定性。投资者可以主动避免过度交易。信息披露之后，投资者有一个晚上的时间应对。另外，在危机期间有各种真真假假的传闻，都需要时间来给出答案。现在的监管在很大程度上延续了当年的设计，许多重大决策的公布时点也选择在收盘以后或者第二天开盘之前。

结算行的两个细微调整，前者的好处是降低了股市的波动性，后者的好处是仅向市场提供部分但是足够透明的数据，既保护了处于危难中的银行，又提供了足够的确定性。当然，这种牺牲透明度的办法只是临时性的、过渡性的。在针对金融机构的挤兑现象消退一个月之后，金融业开始停止临时性的救市措施，美国国民银行和所有的州银行和信托公司重新正常披露经营状况。数据显示，金融机构的实力和稳健性都令人放心。市场恢复到全面的透明性和确定性，这意味着危机的退场和正常秩序的恢复。可以看出，整个救市的过程就是危机一步一步退出，确定性一步一步增加的过程。

再比如，纽约证券交易所的经纪公司在恐慌席卷而来的时候，对交易方式做出重大调整，从过去的保证金交易改变成仅接受现金交易，瞬间去杠杆，将市场的投机性降至历史低点。此举在降低了波动性的同时，也增加了做空的难度。成功的救市注入的不仅是流动性，更是确定性。

处理危机需要解决的是所有的不确定性，终止不确定性才能终止危机。只有少数人有这种力量，创造性地运用这种力量并穿透全社会的各个层面，是救市的关键所在。

任何事物都有正反两面。救市是救助整个市场中的危机，必然意味着各种资源的全面集中，甚至是越集中越好。但是，资源的集中必然导致决策权的集中。比如在火灾中，指挥人们逃生的人不是所有人，而是某个指挥官。危机也是如此，在拯救危机的特殊时期，往往是由少数人来对事关百姓福祉的事务做出决策。但是，危机过后，人们对救市的"遗产"会有不同的清算方式。

## 市场最需要的是确定性，而管理层的稳定是确定性之一

在危机爆发之初，当人们醒过来的时候，对那些身陷泥潭的公司，第一反应往往是追责。追责的直接对象就是董事会和管理层。在恐慌中，市场最需要的是确定性，管理层是否稳定是确定性的来源之一。因为只有一个成熟坚毅的管理层，才能领导公司从危机中脱身。追责是必须的，手

段要严厉，但要权衡时机。在这方面，大恐慌给了我们一个足够深刻的教训。

在大恐慌中，两个高管的辞职虽然都相当利落，但风暴不仅没有平息，反而加剧了人们的恐慌。海因策破产之后，立即发布声明辞去那家资不抵债的国家银行行长一职，并宣布将邀请一位非常资深的政府官员来出任行长。他的辞职是结算行对董事会追责的结果，是这家银行接受结算行救助资金必须付出的代价。但一天之后，收到就职邀请的官员却婉言谢绝了该职位。突然之间，人们发现这家公司处于无人愿意接手的境况，这个信息充分暴露了这家银行的风险敞口，在社会上推动了恐慌的快速形成。另一起高管辞职的事件发生在纽约人信托公司破产的前一天。在受到结算行的一个致命的处罚之后，一位曾经效力公司 10 年的董事兼总裁立刻宣布辞职。因为他被视为海因策的间接接触者而声誉不佳。但这个辞职没有给纽约人信托带来任何正面的帮助。作为纽约最大的金融机构之一，这家公司依旧在第二天因挤兑而关门，而他本人也在两周之后在家中饮弹身亡。

这两个因被追责而辞职的案例都发生在危机初现征兆、正在酝酿爆发的那一周。他们的辞职不但没有挽救公司，反而加剧了恐慌的扩散和危机的形成。这样的辞职纯粹是为了追责，加剧了不确定性，在危机期间是得不偿失的。相反，危机从银行业全面蔓延到信托业之后，陷入困境的两家信托公司的管理层在压力之下始终保持稳定，顶住了一次又一次的挤兑，最终带领公司安然度过暴风眼。其中一家信托公司，在面临被行业协会组织接管的危机时，管理层在半夜突然提出集体辞职，但行业协会并未接受，而是立刻发布声明说，这意味着管理层已经把公司事务的控制权移交给了施救方。在救助条款的谈判中，总会有一些妥协。处于劣势和压力之下的管理层，难免会有一些冲动的想法和行动。市场最需要的永远是确定性，管理层的稳定是确定性之一。董事会不能只考虑眼前的利益。追责是必须的，但在危机期间，追责不是第一重要的。如果追责会导致更多的不确定性，就应该停止追责。

当恐慌开始吞噬理智和常识的时候，它为一种副产品的滋生创造了土壤，那就是谣言。在大恐慌期间，谣言始终招摇过市，其中有一部分就是针对陷入困境的公司总裁辞职的传言，以至于救助方和被救助方不得不屡屡出面辟谣。但是行动是消灭谣言最好的消毒剂，一个全力投入救市工作的管理层，比如美洲信托公司总裁奥克利·索恩（Oakleigh Thorne）的团队，就是一个例证。我们在书中特地花了一些篇幅，着墨于他们在每一天营业结束时的喜悦。这一点点的喜悦，传递的是管理层对战胜危机的信心。

## 自救也是救

大恐慌期间，始终在挤兑的冲击下摇摇欲坠的是纽约最大的金融机构之一——美洲信托公司。公司总裁索恩在描述这场挤兑时说："这次挤兑的规模之大，势头之猛，在整个银行业的历史上都是前所未有的。"一方面，摩根团队全力相救，大量注入流动性；另一方面，这家公司在挤兑面前并没有束手就擒，而是想尽一切办法自救。如果没有他们的自救措施，挤兑是否能被如此有力地遏制，恐怕很难说。

纵观整个危机过程，美洲信托公司的自救可以分成内在和外在两个层面。内在的层面，公司管理层想尽一切办法来获得救助资金，并且提早准备运营资金，防止被挤爆关门。在挤兑高峰期的第三天，美洲信托公司通知他们的客户：归还他们的贷款将被当成是对公司的帮助。虽然很多客户并不情愿，但是当天仍有几位客户归还了贷款。在全纽约的流动性都已枯竭，现金的借贷利率高达 100% 的时候，一点点的流动性都是雪中送炭。再者，对客户来说，长远地看，帮助这家银行也是帮助自己。

更有创造力的是这家公司外在层面的自救行动。这些行动瞒天过海，却相当奏效。比如，在迎来一次挤兑高峰并且安然度过之后，第二天一开门，一边是依旧长龙一般的取款队伍，另一边，让人意想不到的是存款的窗口竟然坐着工作人员，并且收到了不止一笔存款，据说都是一些"大额存款"。上午 11 点之前，存款的总金额竟然高达 100 万美元，甚至超过了取款金额。官方自然会把这样的消息透露给媒体，记者也观察到，整整一天存款柜台里的工作人员一直在忙活。而在前一天，这个位置上一直都没有人。第三天，当挤兑的规模依旧持续的时候，存款的金额也依旧保持在百万美元的级别。比如，一名男子开设了一个新账户，存入了 2.5 万美元。还有人看到总裁索恩先生来到存款柜台前，亲手将一大包钞票递交给收款员，却拒绝透露储户究竟是谁。在当日营业结算后，公司的官员说存款的总额是 150 万美元。这样的戏剧性的变化，对媒体来说是相当有新闻价值的。

除了直接存款到美洲信托公司，另一种显示信心的方式是接受美洲信托的支票。在危机最严重的那天，一位商人力挺美洲信托说：他愿意按 120% 的面值接受美洲信托公司的储户开出的支票。也就是说，他愿意为美洲信托的支票支付 20% 的溢价。媒体干脆把他的话写到了报道里。

这些在挤兑的时候存入的资金，在恐慌的时候开立新账户的储户，在危机的时候为这家公司的信用背书的商人，也许是为了和美洲信托建立良好的合作关系，也许是美洲信托自救行动的一部分。无论如何，这些点点滴滴的细节都被挤兑的人群和旁观的媒体记者捕捉到了，它们是恐慌的泥石流中的一股清泉，让挤兑不再那么肆无忌惮。这种行动之所以有力量，是因为它和内在的自救不同，它是可以被公众、被媒体感知和观察到的。换句话说，每天提供 100 万美元的救助资金给美洲信托，和每天在美洲信托存进 100 万美元现金，虽然这两种做法对美洲信托的资金流动性的帮助几乎是一样的，但对公众来说，后者对于稳定储户的信心、驱散恐慌的心态的作用，要远远超过 100 万美元本身的价值。

人必自救，而后人救之。在针对信托公司的救助方案全面落实之后，总裁索恩在给储户的一份声明中说："在金融史上，从来都没有一家金融机构像美洲信托公司这样为了生存而如此勇敢地进行奋斗，也从来都没有一家银行像美洲信托公司这样经受住了巨大的压力。"应该说，美洲信托贯穿始终的自救行动，也是全部救市行动中的一个篇章。

与索恩的全力自救相反的是另一种自救：不堪挤兑的银行业宣布 100 美元以上的取款业务需要提前 60 天通知银行。同时，有些小银行为了生存，主动选择停止营业。这些小银行本来就缺乏现金储备，要挺过一场挤兑浪潮，最好的办法就是暂时停业。这种"自我隔离"式的方法看起来只是保护了银行，但其实保护了银行也就保护了所有的储户。

## 摩根的救市哲学

央行制度的建立，意味着当发生金融危机的时候，央行行长被自动默认为救市的第一负责人。在 100 年前，美国还没有系统的救市能力之前，摩根被自动地推选为救市的总指挥，民间的美联储主席。70 岁的摩根，一生经历了太多的危机。1907 年的大恐慌，是他全力奋战的最后一场危机。据当时媒体的估计，摩根在危机期间累计贡献的救助资金高达 5000 万美元，是当时纽约证券交易所总市值的 0.2%，大致相当于今天的 500 亿美元。另外可以做参照的数据是，这个数字是摩根银行存款总额 2 亿美元的 25%，是当时纽约所有国家银行的总资产 18 亿美元的 3%。

即便以现在的筹集资金的速度来衡量，摩根在当时的行动能力都是令人叹为观止的。比如，在第一次向纽交所砸钱救市的时候，摩根只用了半个小时的时间就筹集到了 2500 万美元的资金，这在当时人人自危，所有的金融机构都把钱攥得紧紧的状况下，非常难得。也只有这样，才能在压缩的时间轴上与危机对抗。媒体称摩根在救市中的表现是一个"人形银行"（a bank in human form）：摩根个人的资源规模在纽约市的所有金融机构之中排在第四位或者第五位。再加上摩根公司的资源和他的朋友圈，摩根可以动用的资金量有可能超过美国任何一家银行。没有这样的能力，摩根就无法成功救市，但也正因为摩根具备这样的能力，导致了5年之后国会对"货币托拉斯"展开调查。

## 救市需要制度安排

处置危机需要一系列的制度安排。对救市的组织来说，需要建立决策机制和沟通机制。从投入救助行动开始，摩根做的第一个重要决策是迅速搭建起一个系统性的救市机制：成立以他为核心的最高决策层和决策机制。具体而言，救市团队由两个委员会组成：由3人组成的最高决策层和由另外3人组成的调查小组。团队成员之间拥有长期的理解和信任，对危机的后果有着统一的认知，因而在行动上高度协调一致。即便之前有过作为竞争对手的嫌隙，但是在危机面前，投入救助的成员都全力以赴。虽然是在100多年前，爱因斯坦还是伯尔尼专利局的一个默默无闻的小职员，但从本书中的描述可以看到，那种行为的速度和力度，和今天相比几乎没有实质上的差距。在沟通机制上，最高决策层要求所有相关人员每天在固定的时间、固定的地点见面：每晚7点半在一家俱乐部的包厢共进晚餐。

以今天的"后浪"与"前浪"说来看，我们可以观察到一个独特的现象：最高决策层的平均年龄为65岁，其中年龄最大的70岁，最小的57岁。用中国的退休标准来衡量，他们早就应该退休或者即将退休了，但在100多年前，他们是大恐慌中调动金融资源的核心人物。其实，在美国商界和政界，对年龄没有歧视。比如，2020年，特朗普74岁，拜登77岁，巴菲特刚刚过了90岁生日，而他的搭档芒格，已经96岁了。调查小组平均年龄为40岁，其中年龄最大的45岁，最小的35岁。也就是说，整个救市行动的核心机制，是60岁以上的"前浪"在40岁的"后浪"的支持下，翻滚向前。这两个小组在年龄上几乎可以视作两个辈分。即便在一个小组里，年龄最大的和年龄最小的也整整相差了一代人。这样的辈分和这样的年龄梯度当然是在无意中形成的，但它的好处却是显而易见的：凝聚了阅历丰富的人所沉淀的智慧，以及年轻新锐旺盛的精力和乐观。同时，让后浪在危机之下得到充分的锻炼和考验，从而为未来的危机储备战略人才。

虽然大恐慌席卷纽约，但整个救市决策团队从始至终仅有 6 名成员。迅速形成干练、高效和默契的核心团队，是摩根成功救市的内部制度安排。其中以调查委员会支撑决策委员会、决策委员会调动所有资源的做法非常经典。另一个制度安排是通过集体兜底最大可能地消除博弈，让所有的人在一条船上，共渡难关。

在摩根团队所有的救市行动中，有很多细节体现出了他们的创造性。比如，他们成立了一个宗教委员会，由牧师们出面安抚民众的恐慌和焦虑。对救市来说，信心比黄金更宝贵，而唯一能提供最广泛的确定性的，就是宗教教义。

在救市层面，在创造确定性的努力过程中，始终要解决的两个问题是：钱从哪里来？信心从哪里来？相信读者在通读本书之后会从中得到自己的答案。

## 集体兜底优先

央行是应对金融危机最大的制度安排，因为它提供了最大的确定性。遵循白芝浩原则[①]，人们默认央行是"最后贷款人"，是最终兜底的人。但在 100 多年前，美国没有央行制度的时候，摩根式救市的特点是集体兜底

---

① 白芝浩原则（Bagehot's Dictum），是指在金融危机时，银行应当慷慨放贷，但是只放贷给经营稳健、拥有优质抵押品的公司，而且要以足够高的、能吓走非急用钱者的利率来放贷。——编者注

优先，就是所有人都要有份。这是摩根始终坚持的救市原则。比如，在摩根第一次砸钱救市的时候，为他的 2500 万美元资金池提供资金的包括 9 家银行。在筹集资金的时候，不管是强迫还是说服，摩根总是让其他人先开口，等大家把钱凑得七七八八了，他和核心成员再最后兜底。

从救助美洲信托的全过程来看，虽然摩根团队率领的几位银行家跨界救助了美洲信托，但他没有直接让银行界为信托界兜底，而是坚持信托业集体兜底的原则，并承诺他和行业协会不会见死不救。比如，在危机刚刚爆发不久，摩根把所有的信托公司总裁都召集到一个会议室，要求他们拿出 1000 万美元的资金来救助美洲信托。在顺境中要别人出钱都是一件吃力的事情，更何况是在危机中的逆境。所有的人最先想到的都是自己的利益，会议室气氛凝重，没有人愿意开口。在事先安排好的一家由摩根掌控的信托公司的负责人表态之后，仍然没有人跟进。也许是为了让子弹飞一会，也许是摩根太累了，以至于他手里还拿着雪茄就睡着了。半个小时之后，摩根醒来，立即点名，让现场所有的人做出承诺。很快，摩根凑齐了 825 万美元，距离他的目标还有 175 万美元的缺口。摩根说，他和几位银行家会暂时负责剩余部分的资金，"但他们希望，一旦能够组织贷款并安排担保，在座的信托公司就要和未参会的信托公司一起，偿还这些银行的临时支援"。也就是说，摩根事先就讲清楚，虽然现在资金不够，但信托公司集体兜底的原则是不变的。银行家的帮助是临时性的，将来需要偿还。

这种行业自救的做法体现了这样一种思路：花自己的钱办自己的事，既节约又有成效。而其他几种形式都不划算：花自己的钱办别人的事，只讲节约，不讲效果；花别人的钱办自己的事，只讲效果，不讲节约；花别人的钱办别人的事，既不讲效果，又不讲节约。

央行制度建立以来，各个国家金融危机的救市模式全部变成了央行兜底。央行兜底和集体兜底的不同在于，央行兜底是用国家信用向未来借钱，而集体兜底需要当时就凑齐所有的资金，因此施救方的资金必须多于被救助企业的需求。在某种程度上，前者是软预算约束，后者是硬预算约束。硬预算约束的好处是，施救方出资时会非常审慎，对被救助企业的审核也会相当严苛，可以做到既节约又奏效。硬预算约束考验的是大家对未来的信心和领导者的公信力。否则，大家很可能会各自捂紧钱袋，很难筹到足够的资金。

自摩根之后再也没有"人形银行"的出现，硬预算约束不得不让位于软预算约束。从一定程度上说，是用中央银行这样的制度安排替代了"人形银行"，因为后者是不可复制的。

## 沟通的确定性

在整个救市过程中，我们看到有两个地点频频出现：摩根图书馆和一家俱乐部的包厢。虽然出现在两个地点的人物往往是一拨人，但前者时常是面色凝重而显得硬，后者则总是幽默诙谐而显得软。摩根图书馆上演的场景是夜以继日的开会，开会的人数通常都是几十人。而俱乐部包厢的场景，则是每晚 7 点半的晚餐。开会的和赴宴的大都是同一拨人，他们常常吃完饭接着去摩根图书馆开会。

在今天看来，开会是一种古老低效的形式，更不要说几十个人一起开会。但是摩根的做法在当时之所以奏效，是因为这种做法意味着覆盖所有人的确定性：确定性的承诺，确定性的结果。一个著名的细节是，斯特朗凌晨 3 点离开图书馆的时候，却发现门被锁了，而钥匙在摩根那里。摩根这个做法可以有很多解释，但其中之一就是倒逼确定性的出现。

确保所有人都能及时准确地掌握所有的信息，在危机期间极其重要。因为危机的一个特点就信息时时刻刻都在快速变化和更新。妥善处置危机的必要条件，就是确保所有人都保持同频。这点看上去简单，但在慌乱疲惫的处境中，很容易被忽略。面对面的开会虽然陈旧，却比高科技的通信工具更有确定性。比如，在 2008 年美国金融风暴期间，沃伦·巴菲特就因为不会使用手机语音而错过了拯救雷曼兄弟的机会。那天是周末，巴菲特和朋友安排好了去看演出，一位巴克莱资本的银行家给巴菲特打电话，希望他为巴克莱收购雷曼兄弟提供担保。巴菲特说他要知道完整的情况和其中的回报，并让对方发传真给他。在当时，传真已经是一个几乎被淘汰的通信工具，情况又十万火急，于是，对方采用手机语音留言的方式跟他沟通。巴菲特看完演出之后，发现那位银行家没有发传真给他，于是事情就不了了之。直到一年之后，巴菲特的女儿帮他检查手机的时候，这条语音才被发现。

如果我们用 100 多年前的思路来看这件事，就会发现巴菲特和摩根一样，要求的是确定性：是书面文件而不是口头承诺。但是银行家没有意识到传真虽然陈旧，却是最具确定性的沟通方式。在违背了巴菲特的要求，没有采用发传真而是语音留言之后，他也没有和巴菲特确认是否收到留言，这一系列不确定性注定了沟通的失败。在当时，能够有实力和声誉挽救雷曼兄弟的，大概只有巴菲特了。虽然后来巴克莱银行收购了雷曼的美国业务，但是如果当初巴菲特收到了传真，雷曼兄弟也许会有不一样的命运。这一切，都是因为忽视了沟通的确定性。

沟通的确定性还体现在与公众的沟通上。大恐慌期间，不管是政府、行业组织还是摩根团队，都表现出娴熟大方的沟通能力。公众沟通可以分成两个途径：一个途径是通过媒体采访来实现，其特点是简单迅速，但不是百分之百的确定。在摩根的 6 人救市团队中，从一开始就设置了专门负责公共关系的官员，级别高至摩根的合伙人。这位官员负责定期和媒体交流，介绍援救行动的进展情况。另一个定期沟通机制是，每天深夜，对于不辞辛苦守候在门口的记者，不管是财政部长乔治·科特柳 (George Cortelyou) 还是摩根团队，都会亲自出面回答他们关切的问题，并将正面积极的信号释放给媒体。媒体报道之外的另一个途径是官方通过更严谨的声明或者公告来向媒体和社会发布重大消息，这样的好处是避免媒体传播过程中夹带的偏见和误解。这对于澄清真相，消灭谣言，有一锤定音的效果。

## 摩根的遗产

救市是短期行为，其特点往往是不计代价、不计成本，因而是一种相当理性却不够经济的行为。当危机结束并且远去，市场退出救市机制，理性和经济又恢复常态的时候，该怎样评价救市的"遗产"就显得错综复杂。这时候，人们往往对救市的最高领导人和政府机构持以质疑和批评的态度。100 多年前，在大恐慌过去 5 年之后，摩根的救市努力几乎被全部推翻。他被形容为一个一手遮天的人，几乎垄断了整个国家的金融资源和商业版图，巧取豪夺，为所欲为。

摩根最后一次和公众见面是出席国会针对"货币托拉斯"（Money Trust）的听证会，那时候他已经 75 岁了。听证会的过程详细记录在《针对货币和信贷控制的集中程度的调查报告》中。因为时任银行货币协会主席普约（Arsene Paulin Pujo）负责此次调查和报告的提交，人们也将此报告称为《普约报告》（本书中统称为《普约报告》）。调查发现，几股力量形成了所谓的"货币托拉斯"，其核心成员正是救市过程中以摩根为首的最高决策层的 3 位总指挥。来自这个托拉斯的 180 名管理人员同时在 112 家公司担任 341 个董事职位。这些公司的总市值高达 222.45 亿美元，而当时纽约证券交易所的总市值也不过 265 亿美元。这项调查成为民众强烈抗议"大资本"的最高潮，舆论对摩根的抨击力度、深度和广度远远超过了大恐慌时期对其的赞美。

在听证会上，摩根与律师塞缪尔·昂特迈耶（Samuel Untermyer）的两处精彩对话，成为最经常引用的经典。当被问及股票市场能够做些什么的时候，摩根回答说："股市能做什么？能波动。"在回答货币和信贷这个问题上，在听证会的数千页证词中，这段问答成了最著名的对话。

昂特迈耶：商业信贷是否主要以金钱或财产抵押作为基础来发放的呢？

摩根：不，先生，品性是首要的。

昂特迈耶：排在金钱或财产之前吗？

摩根：排在金钱或财产或其他任何东西之前。金钱买不到品性。

听证会后不久，摩根在伦敦病逝。他没能挽回曾经得到的公众对他的赞赏。他给公众留下的最后印象定格在普约听证会的最后一天。作为银行家，摩根对自由市场意志的捍卫成为他对世人最后的告白。100年后的今天，人们对他的回答也许会有更深刻的理解。

昂特迈耶：摩根先生，华尔街的投机行为从这个国家吸引了大量的资金吗？

摩根：我想是的。

昂特迈耶：你会赞成通过立法来减少投机行为吗？

摩根：不会。

昂特迈耶：你会支持让投机行为自由肆意地发展吗？

摩根：是的。

## 救市是商业但又超越商业

在救市过程中，摩根团队始终恪守商业原则。在向美洲信托公司注入流动性的时候，所有的贷款都需要抵押物，所有的抵押物都需要审核。

在向纽约证券交易所撒钱救市的时候，摩根资金池第一天的放贷利率为10%，高于正常水平的 6%，但大幅低于危机时的 100%。第二天的利率为50%，和当天下午的市场利率保持一致。贷款的第一要义是控制风险，投资必然要追求回报，这是救市在商言商的一面，但救市又需要一颗超越商业的心。

危机吞噬时间、精力、信心和斗志，一生都在和各种危机做斗争的摩根好像是为危机而生的。一位摩根的合伙人对摩根的观察是："除了像摩根那样体力和智力上的巨人，只要开始工作就有一股无穷的力量之外，其他人很少能过这样的生活直到年老。"在这个意义上，救市工作既是脑力工作，更是体力工作。

危机滋生怯懦和短视。对人性来说，危机更是一场考验。因此，救市最大的阻力不是来自资金而是来自人心。负责调查的斯特朗在危机期间至少对 12 家金融机构进行了或多或少的救助。他发现，虽然每一家机构都有自己的问题，但最大的问题并非贷款本身，而是人们的性格、偏见，以及偶尔闪现的自私和胆怯。这时，包容不同的观点、舒缓人们心中紧张不安的情绪、鼓励那些胆小的人、以纪律约束那些懦夫，这些行动构成了救市过程中看不见的一面。它超越了救助行动本身，成为黑暗中闪烁着人性光芒的地方。

在新冠疫情暴发之前，美国经济已连续扩张 126 个月，创造了二战后最长历史繁荣周期，刷新了从 1991 年 3 月到 2001 年 3 月的整整 10 年的经济扩张纪录。相比之下，1854 年到 1919 年，美国平均经济扩张周期仅持续了 27 个月。在 1945 年二战之后，平均经济扩张周期达到 50 个月。从 1982 年开始，美国经济变得尤为稳定：平均经济繁荣期达到了 90 个月以上，并且不断刷新纪录。虽然经济繁荣的周期越来越长久，萧条的周期越来越短，危机爆发的次数越来越少，但危机一旦出现，就会让经济遭受重创，再强大的公司、再发达的城市，都不能幸免。比如当时的纽约就是一个金融信用相当坚挺的城市，一位教授在大恐慌期间评价说："在这个城市的各家银行及信托公司金库里，优质信用资产的存量比全世界上任何一个城市中的存量都要大。"即便如此，危机一旦到来，纽约的金融体系在一周之内几近瘫痪。因此，对危机的研究，对救市行动的研究，不应该因为经济繁荣周期的持久而受到漠视。

如果让我们总结一下大恐慌体现的救市哲学，那就是动用一切力量和手段终止危机高于一切，但是成功的救市是创造性的救市。赢得时间是救市的首要目标，用确定性战胜不确定性是救市的核心要义，救市的力度要穿透全社会。

从历史的回声中回到今天，我们需要为下一场危机做好准备：怎样在不确定性中创造确定性？怎样创造性地进行制度安排？怎样发挥人性中伟大的一面？这些永恒的问题等待着未来的回答。

# 第二章

## 危机来临前

# 摩根回到纽约

1906年春天，摩根就处于退休的状态了。他不再像过去那样每天正儿八经地到办公室处理事务，而是把更多的时间花在图书馆和私人博物馆中的艺术珍品上。摩根这样淡出大众视线，相距20世纪初的不可一世，不过短短几年的时间。那个时候，"退休"这样的字眼是绝对不可能与摩根联系在一起的。

在1900年和1902年，这位金融巨擘支撑着一项浩大的商业工程：起先是行业大合并，而后是在行业大合并的基础上更深层次的行业大整合。大西洋两岸的共同看法是：每天早餐前，摩根都会建立一两个信托公司，就像是吃一碟开胃小菜那样简单。假如某一天，这世上没有发生点激动人心的合并事件，摩根就会认为白白浪费掉了这一天。就这样，轰轰烈烈的行业大合并一直延续到1903年，商业高潮开始回落，持续已久的行业大合并，包括摩根的信托公司合并行动，逐渐偃旗息鼓。

和同龄人相比，摩根的教育经历要优越得多。年方二十的时候，摩根就已经周游欧洲。他的法语成绩在班里排名第一，他还将一本书译成了德文，用三种语言书写了一些格言，比如："财富是加在智慧者头上的冠冕，留给愚笨者的只能是蠢行。"也许这些格言就是他最早的财富观：财富是对智慧的肯定，金钱来自一个人的头脑。一到纽约，摩根就喜欢上了这里。他很快在纽约安家落户，余生也在此度过。彼时，纽约正逐渐取代伦敦成为世界金融之都。

摩根对华尔街的评价是这里"有头脑的人太少"，这种评论使他在同行当中少有人缘。但事实上，在任人唯贤这方面，摩根有着惊人的本能。这和他对人的挑剔一脉相承。38 岁的时候，他在向父亲抱怨寻找一名合伙人的难度时说："在性格、能力和经验方面都无可指责的生意人少得可怜。"至于什么样的人能入摩根的法眼，他接着写道："我越活越明白，有头脑的人实在太少，尤其是在各方面均衡发展的人。"

在所有的伟人中，摩根对亚布拉罕·林肯（Abraham Lincoln）总统有着一种真挚强烈的情感。他收藏了许多与林肯有关的历史材料：画像、信札、1863 年就奴隶解放援助协会问题致国会的函件及林肯写于 1846 年的二十二节诗《猎熊》的手稿。他还购买了林肯双手的石膏像。巧合的是，时任总统西奥多·罗斯福（Theodore Roosevelt）也一直视林肯为未曾谋面的知己。他珍藏着一枚沉重的金戒指。第二次总统就职宣誓的时候，他的左手中指上就戴着这枚戒指。不为人知的是，戒指上镶嵌着林肯的一根头发。和林肯一样，罗斯福对宪法的感悟是："这是一个人权高于财产权的文件。"1907 年的时候，摩根已经 70 岁了，而罗斯福还不满 50 岁。

当罗斯福成为总统之后，他把摩根称为"最强大的对手"。那是大恐慌发生的 5 年前。罗斯福在悄无声息地与自己的司法部长做了充分准备之后，没有和内阁其他成员打招呼便突然宣布，将对摩根旗下的北方证券公司"非法遏制行业发展"问题开展调查。

整个股市被总统的这项突然行动吓得颤抖。摩根前往华盛顿同总统和司法部长进行理论，想知道为什么政府在宣布这个决定之前不事先向他发出警告。

"事先对华尔街发警告，"罗斯福说，"恰恰是我们不愿做的。"

"如果我们做错了什么，"摩根说，"请派遣您的人和我的人谈谈好了，他们会很好地改正。"

"我们不会那样做。"

司法部长补充说："我们不愿修正那些错误，我们只想终止它们。"

"您是否还打算对我手下的其他公司进行攻击，"摩根问，"'钢铁托拉斯'和其他公司？"

"当然不会，"罗斯福说，"除非又发现……他们做了我们认为错误的事情。"

摩根提到的"钢铁托拉斯"指的是他在 1901 年行业大整合期间通过一系列兼并成立的美国钢铁公司。这家公司占据美国钢铁行业 60% 以上的产能，控制着 14 亿美元的资本。这个数字当于美国 1901 年国民生产总值的 7%。如果按照 2019 年美国的国民生产总值 21 万亿美元来推算，7% 是大约 1.5 万亿美元，相当于苹果公司的市值。就像现在的人们头脑中没有"万亿"的概念一样，在当时，人们头脑中也几乎没有"亿"的概念。摩根的兼并行动拓展了人们想象力的边界，当时美国联邦政府每年的开支也不过 3.5 亿美元。在大恐慌期间，危机的持续加剧导致美国钢铁公司这个巨无霸也卷入其中。

罗斯福和摩根，这对对手的共同点是，他们都确信自己所做的一切都是为了这个国家的最高利益。罗斯福一方面希望在世界上确立美国霸主般的国际地位，另一方面宣称将"彻底征服这个国家的工业霸主和金融寡头"，并将其置于政府强有力的管理之下。而摩根关注的是市场运行的效率。他坚信，唯有拥有稳定的市场和持久增长的生产力，美国才能成为真正的强国。两人都百般坚持自己的信念，并且愿意用毕生的努力来实现这个梦想。当金融危机让两位拥有不同信念的领袖相遇的时候，1907 年变得熠熠生辉。

从 1907 年 10 月初开始，摩根在弗吉尼亚的里士满参加三年一度的美国圣公会大会。金融市场出现动荡之后，摩根的合伙人将纽约的情形通过电报向他汇报，但坚持说摩根不必提前赶回来。理由是如果他突然提前打道回府，可能反倒会推波助澜，在民众心中招致更大的恐慌。等大会一结束，摩根立即乘火车于 10 月 20 日星期日早上抵达纽约，直接去了他的办公室。

等候多时的合伙人向他叙述了事情的来龙去脉，并且预测说挤兑很可能在周一持续下去，而且恐慌注定会继续蔓延，其后果的可怕程度难以想象，"以前的一切恐慌相比之下形同儿戏"。摩根一边听他们说话，一边抽着雪茄。

摩根的寡言少语在华尔街是出了名的。一位英国的合伙人说和他聊天"是件不可能的事情，听到他偶尔哼一声，就算是跟他最亲近的接触了"。摩根是一个深刻的矛盾体：直率又腼腆，既精打细算又出手大方，没有深不可测的城府，也从不解释自己的决策。商业银行的业务必须严格保密，摩根在这方面有着超凡的克制。有一次，摩根在芝加哥应邀出席为他举行的晚宴。《芝加哥论坛》刊登的新闻标题是"钱都说话了，而摩根却没有说话"。据《摩根传——美国银行家》的记载，在摩根书房的壁炉架上，摆放着一块珐琅制作的白色瓷板，上面写着普罗旺斯语的蓝色铭文："深思，慎言，不留文字"（Pense moult, Parle peu, Ecris rien）。

摩根返回纽约的消息一经传出，记者们就已等候在他的图书馆周围。整个星期天的下午和晚上，银行家们和政府官员一个接一个地来这里拜访。1906 年年底，摩根的图书馆建成之后，他就经常待在里面，再也没有在著名的华尔街 23 号办公室出现过。他手下的年轻人给图书馆起了一个外号叫"摩根分行"。

10 月 20 日当晚，摩根召集齐了两批人马，第一批包括他自己、第一国民银行主席乔治·贝克（George Baker）和国民城市银行总裁詹姆斯·斯蒂尔曼（James Stillman），三人组成了一个应对本次危机的最高指挥部。[①]这三个人都是华尔街叱咤风云的人物，其中贝克和摩根已经密切合作了 30 年。第二支队伍是调查委员会，由摩根的合伙人乔治·W. 珀金斯（George W. Perkins）、贝克的助手、第一国民银行副总裁亨利·戴维森（Henry Davison）和本杰明·斯特朗组成。戴维森和斯特朗是非常默契的朋友。这 6 人将决定哪些信托公司拯救无望，应该破产；哪些信托公司尚属健康，值得挽救。救市团队虽然已就位，但接下来的一个问题是：救市需要砸钱，钱从哪里来？无论如何，他们必须找到足够的流动资金来应对那些疯狂的储户。

星期日深夜，财政部长乔治·科特柳托人带话给摩根，说他可以借给纽约银行业 600 万美元，如果必要还可以多些。

以摩根为首的这支民间的救市力量全部来自银行业，但是他们要救助的对象是信托公司。这个跨界的雷霆营救是 1907 年大恐慌最醒目的标签。为什么要跨界，为什么有界，要从几年前戴维森和斯特朗的合作开始说起，那时候，戴维森想成立一家公司来消弭金融业两股力量之间的分歧。

## 斯特朗和戴维森

斯特朗高中毕业之后，本打算跟随大哥去普林斯顿大学继续深造。但因为家里突然遇到经济困难，斯特朗只好放弃读大学的愿望，来到华尔街一家经纪公司上班，随后在 1900 年跳槽到一家银行。成家立业之后，斯特朗逐渐成了镇上的名流。他喜欢打高尔夫球、网球和桥牌，但是真正

---

① 国民城市银行和第一国民银行与 1955 年合并，成立"纽约第一国民城市银行"，是花旗银行的前身。

成为他生命中的转折点的是亨利·戴维森对他的赏识。戴维森算得上是银行业的风云人物。1904 年，他给斯特朗提供了一年前他协助创建的银行家信托公司（Bankers Trust Company，美国信孚银行的前身）的一个高管职位。

斯特朗的妻子在生了第四个孩子之后，因为严重的产后抑郁症而饮弹自尽。第二年，他的大女儿死于猩红热。斯特朗伤心欲绝，好心的戴维森夫妇把他的三个孩子领到自己家，帮他抚养。1907 年，斯特朗娶了第二任妻子——比他小 17 岁，年方十八的凯瑟琳。她的爸爸埃德蒙·康沃斯（Edmund Converse）是银行家信托公司的董事长，摩根的长期合伙人。戴维森则在斯特朗的婚礼上当起了伴郎。蜜月才过去几个月，金融危机就开始上演，恐慌在整个纽约市蔓延，针对银行和信托公司的挤兑风潮席卷而来，这场危机让他们的友谊变得深厚坚固，但他们没有继续成就彼此，而是在这场危机结束之后走上了完全不同的人生道路，并且抵达了各自的人生巅峰。

话说回来，戴维森之所以在几年前就创立银行家信托公司，并不是心血来潮，而是因为他已经预见到一场危机迟早会爆发。在他看来，信托业中那些迅速扩张却管理不完善同时又不是结算行协会（Clearing House Association）成员的公司，正在酝酿着危及整个金融业的大麻烦。金融业有两股力量：一方面是大型清算银行，主要是国民银行；另一股力量则是那些完全没有关联的信托公司。在那时美国的金融体系中，不仅没有央行，也没有任何监管的概念。结算行协会作为行业自律组织，在某种意义上承担起了监管的作用。虽然银行大都是结算行协会的成员，但信托公司不是，这是跨界的"界"之所以会形成的由来。但信托公司为什么不是结算协会的会员，金融业为什么会形成银行业和信托业之间的划界而治呢？这是一个新鲜而又古老的故事：金融创新与监管，在这场猫捉老鼠的游戏里，监管总是滞后于金融创新。

1907 年的金融恐慌集中体现在纽约的信托公司上。用今天的视角来看，当时的信托公司就是一种典型的金融创新：处于监管的真空地带并高速扩张，增长的动力来自过度支付利息。信托公司不是银行，却提供类似于银行业的服务。不仅如此，信托公司可以投资房地产、承销股票发行，或以股票为抵押发放贷款；不仅可以吸收存款和清算支票，还可以直接持有股票，甚至还提供无担保的商业信贷额度。1896 年到 1907 年的 10 年间，信托公司以年均资产增长率近 10% 的速度增长，而银行的年均增长率仅为 7%。虽然诞生不到 20 年的时间，信托公司已经管理着几乎和银行等量的资产：信托业和银行业的资产总额分别为 12 亿美元和 14 亿美元。

在没有央行，也没有监管的全真空状态下，出于对未来的担忧，一些有识之士希望凭借一己之力未雨绸缪。比如，戴维森想把金融业的头头脑脑们聚集在一个由银行家们创立的信托公司里，来克服当时正在形成的对信托公司的偏见和竞争。虽然这家公司在这场大恐慌之中没有凸显出自身的价值，但是在之后的 1908 年和 1909 年，这家公司的主要成员陆续成为结算行协会的领导者，并将其他信托公司纳为会员进行管理，算是实现了戴维森最初的梦想。

成立银行家信托公司是戴维森应对危机的一手准备。不仅如此，早在危机的现象刚刚萌芽之时，戴维森就与斯特朗多次讨论过潜在的危机，推演过灾难爆发之后该如何应对。他们认为信托业大肆扩张的基础并不牢靠，它漂亮的业绩不是靠自身的核心竞争力，而是通过过度支付利息来吸引储户。这和今天频频爆雷的理财产品、P2P 产品都极其相似。戴维森多次向斯特朗询问他们公司支付储蓄账户的平均利息，是否有证据可以证明竞争对手正在过度支付利息。迫于竞争的压力，戴维森和斯特朗曾经反复掂量是否需要支付和竞争对手相同的利息，但他们都认为那样的利息率是过度支付，因而是不可持续的。

1907 年夏天的某个时刻，斯特朗将一份备忘录交给戴维森，告诉他其他公司支付的利息，并告诉他一旦情况不妙的时候公司有怎样的储备，戴维森的脸上浮现了严峻的表情，他把自己悲观的预测告诉了斯特朗。他们深知，如果不加干预，会有怎样可怕的后果。

戴维森和斯特朗看到了黑天鹅舞动的翅膀，但是他们没有想到，危机这个不速之客在当年秋天就席卷而来。40 岁的戴维森和 35 岁的斯特朗不可避免地卷入其中，并且成为摩根的得力助手。

## 罗斯福的言论与华尔街的动荡

在过去 20 天的旅行中，罗斯福沿途一直在发表演讲。所到之处，民众对他的热情始终惊人的高涨。

1901 年，麦金利总统遇刺身亡之后，43 岁的副总统罗斯福匆忙就任美国总统，从而成为美国历史上最年轻的总统，而那个时候的美国又是世界列强中最年轻的国家。1901 年是个好年头，每个人平均可以挣得 500 美元的年收入，和罗斯福总统的收入相仿。罗斯福上任的第一天，股市以小幅高开表示了对新任总统的欢迎。金融界称总统的言行是"良好的，可信的"。看到报纸上的标题，罗斯福松了一口气："我对股票和债券一概不关心，但我不希望我担任总统的第一天，股票就下滑。"

毕业于哈佛大学的罗斯福对资本有一种发自内心的厌恶。他深知社会的压迫性。残酷的竞争中，非技术工人今天的苦难就是明天革命的动力。在他看来，"劳工问题"将成为 20 世纪美国最严重的问题。这个立场让他和许多声名显赫的政治领袖对立，华尔街的大人物更是私下里与他为敌。所有发行量极大的都市报处处与罗斯福唱反调。

从 20 世纪初开始，繁荣的浪潮奔涌向前，一直延续到 1907 年年初：物价一路攀升，股市一片繁荣，银行存款持续增加。大家都深信不疑：只要风调雨顺，经济繁荣的美好时光就会自然而然地持续下去。在一片乐观的情绪中，只有那些擅长观察市场趋势的人认识到经济形势逐渐严峻起来。铁路系统是这个国家不可小觑的一股产业力量，需要大量的资本进行扩张和发展。但是铁路系统却借不到钱，即便能借到钱，借贷的条件也极其苛刻。罗斯福那个时候的证券市场，和今天证券市场的意义有所不同。做个简单的比喻，那个时候的证券市场就相当于今天的创业板，而铁路股就相当于创业板上的科技公司。

说起铁路公司与罗斯福之间的恩怨，就要说到《赫伯恩法》。这个法案的核心是铁路监管，即让铁路的定价权从州政府手中收归到联邦政府手中。学者们认为这部法律是影响 20 世纪上半叶美国铁路发展的最重要的立法，体现了政府对垄断资本主义的遏制。虽然这部法案以赫伯恩的名字命名，但其最终版本非常接近罗斯福的想法。由于罗斯福个人强大的影响力，在国会投票时仅有 3 人投了反对票。所谓联邦政府拥有定价权，其实质是对铁路的最高费率进行限制，这自然导致铁路证券大幅贬值，成为引起 1907 年恐慌的一个行业因素。

1907 年 3 月份的时候，摩根就已经到华盛顿找过罗斯福总统，提醒他了解当前局势的危险程度。摩根主动请求总统召集全国主要铁路公司的老板们进行磋商，并且试图安排这些老板们同他坐在一起开个会。但是这次会议一直都没有召开。因为罗斯福决心不改变自己的政策，而铁路系统的老板们也不愿意摇尾乞怜。几天之后，纽约证券交易所的股价暴跌。

在摩根的努力未取得任何结果、纽约证券交易所初现轻微恐慌之后，金融界人士又出面恳请总统罗斯福就其政策发表一些能够稳定人心的言论。4 月 1 日，罗斯福发布一份公开声明，大意是，在铁路事务方面，他没有任何新的重大事情要说，而且在将来，他丝毫都不会偏离既往的政策路线。他坚信当前的股市动荡是华尔街的阴谋所致。

5 月，金融界再次期盼总统能够发出一些鼓舞人心的信号，但是，和从前的每次讲话一样，依旧令人沮丧。6月，罗斯福做了两场演讲，再次宣告他将继续坚持自己激进的政策观念，推进所得税、累进遗产税及雇主在员工损伤事件中的赔偿责任等政治议题。7月，司法部长查尔斯·J.波拿巴（Charles J. Bonaparte）宣布针对信托业采取行动，声称必须指定破产受益人，以便以后拆解这些合并信托。8月也许是最值得注意的一个月份，一系列不利事件接二连三地发生。股票市场再度出现暴跌，严重程度几乎不亚于3月间的那场股市大流血，股价下滑得比上一次股市崩盘时的价格还要低。州司法部长会议透露说，正在围绕信托这个行业制订统一的行动计划。在媒体采访时，司法部长波拿巴说"有一大群的猎物"，他提议"打落一两只鸟"。8月中旬，罗斯福总统又做了一场极其著名的演讲，把华尔街的金融动荡归咎于为富不仁者的阴谋，谴责这些富商巨贾企图抹黑他的这届政府。股市当然又还以颜色。

政府当中唯一明白事态严重性的大概只有财政部长科特柳。8月份的时候，科特柳宣布说将要大幅度地增加美国政府在银行中的储蓄额。8月31日，美国政府在银行中的存款总额为1.6亿美元，而到了9月30日，美国政府在银行中的存款总额仅稍有增加，达到1.7亿美元。同期，美国财政部国库分库中的现金总量仅仅从339,617,498美元减少到333,445,220美元。

《商业与金融纪事》（*The Commercial and Financial Chronicle*）的编辑在1908年的第一期《1907年风云录》一文中写道：

> 这样的局势本来应当能够使当权者们有所警醒，保持谨慎小心，暂时先停下来看看这样的新政究竟将会驶向何方。然而恰恰相反，他们仍然矢志不渝地坚持继续走下去，根本不顾将会出现什么样的结果。政府鲁莽地向前猛冲，奔向毁灭——而且是"瞪大眼睛地奔向毁灭"。

## 铜的故事

在 1907 年，虽然农业收成不及 1906 年的大丰收，但既没有出现农作物歉收，也没有发生其他的自然灾害。俗话说天灾人祸，这场灾难的动因恰恰正是人的行为。就像 2008 年的金融危机爆发于美国房地产行业，1907 年，引爆这场灾难的是一种叫铜的有色金属。2008 年，美国的房地产行业通过次级抵押贷款与金融业深度融合，而 1907 年，铜业公司的股票被大量用作抵押物来获得银行贷款，从而与金融业进行捆绑。2008 年，对金融衍生品的监管落后于现实的发展；而 1907 年，既没有央行也完全没有金融监管的概念。承担类似监管作用的行业自律组织结算行，也因为银行业和信托业之间的内部竞争而隐隐存在不合。

话说 7 月间，一家公司已经将其铜产品的销售价格每磅下调 3 美分。9 月份，这家公司又继续加大铜价下调力度。数次下调之后，铜的价格从每磅 22 美分降到每磅 15.5 美分。然而，这一系列的降价并没有取得预期的效果，这家公司仍然没有接到任何大额订单。这不是这一家公司的麻烦，多家铜公司面临着类似的烦恼。销售不振影响到证券市场，这些公司不得不减少股票的派息分红。人们看到，整个铜行业普遍开始压缩产能。铜板块上市公司的龙头股公司甚至将产能削减了 60% 左右。与此同时，在纽约证券交易所中，钢铁类股票的交易量急剧缩小。

在此之前，虽然证券市场一直在持续不断地缩水，但是，实业领域的业务活动却没有受到损伤。各个厂矿和高炉都在忙着履行以前的订单。到了 10 月份，好像突然之间所有的询价都消失了，铜价陡然下跌到每磅 12 美分，与最高时的 26 美分相比腰斩了。可怕的是，即使跌到这样低的价位，仍然没有大宗交易。电车运输等行业需要使用大量的铜。当时人们认为，导致铜行业崩盘的唯一合理的解释是，这些企业未能筹集到新的资本来扩展它们的业务，因而中断了铜的采购，导致市场对铜的需求急剧萎缩。

　　一场危机的爆发，总有一个看似偶然实则必然的导火索。铜价的腰斩是市场自身供需调整的表现，波及证券市场也是市场有效运行的必然结果，但是从一次市场波动演变成一场金融危机，触发开关是几个叫海因策的兄弟和他们的朋友。他们就像是一种致命的病毒，和他们密切接触的金融机构都跟着倒了霉。

## 祸起海因策

　　海因策兄弟并不是无名小辈，他们一共投资了 6 家国民银行、12 家纽约当地银行、五六家商业银行及 4 家保险公司。海因策兄弟一直对投资铜业有兴趣。他们发现，有人在无货沽空一只叫联合铜业的股票。这种做法如果得逞会导致股票的大幅下跌，而这对海因策不利。于是，他们向经纪公司发出大批购入这只股票的指令。但其实，并没有人刻意沽空这只股票。海因策的判断是错误的，可是他们对股价的操纵却引发了市场的大量抛盘，导致这只股票走出了一个先涨后跌的走势。10 月 14 日，联合铜业公司普通股上涨到了每股 60 美元，但是第二天就跌回到以前的价位，10 月 16 日又继续暴跌，一直跌到每股 10 美元。同日，因为他们拒绝过户经纪公司代其购入的股票，经纪公司破产，随后他们自己的投资公司也关门停业了。

　　海因策公司的关门引发市场的担心，人们立刻将不安的目光投向贸易国民银行（Mercantile National Bank）。1907 年年初，海因策凭借收购这家银行的大量股权而当选行长。同海因策家族建立联系以来，贸易国民银行一直接受铜业公司股票作为抵押品向海因策家族及其他人发放贷款。用现在的说法，这是典型的关联交易。由于铜业股票价格暴跌，贸易国民银行的抵押品蒙受了巨大的损失。这时候，纽约结算行开始出面干预，希望澄清事实，消除市场疑虑。

10 月 17 日，纽约结算行协会宣布史上最严厉的惩罚措施：立即取消海因策兄弟所有金融活动的参与权。同日，结算行委员会开始对贸易国民银行进行审查。根据审查结果，结算行委员会得出这家银行资不抵债、失去偿付能力的结论。结算行委员会决定向这家银行施以援手，9 家银行共筹得 180 万美元。对这家银行来说，接受这笔救助的代价是海因策必须辞职。海因策当天发表辞职声明如下：

> 鉴于我兄弟的公司（奥托·海因策公司）当下面临的窘境，我认为我应该尽可能地帮助他们克服困难。为此，在与贸易国民银行的各位董事以及我的朋友商榷后，在仔细权衡我作为该银行一大股东的个人利益之后，我决定从今天起不再担任贸易国民银行的行长。但我依然保留贸易国民银行董事的身份，也和其他董事一同向威廉·里奇利（William Ridgely）发出邀请，接任行长一职。

第二天，铜板块的龙头股宣布将公司的季度分红派息从 2% 下调到 1%，进一步凸显出铜业市场的严峻形势。

行长的职务当然不能空缺着。身在华盛顿的货币主管里奇利通过电报收到了出任贸易国民银行行长一职的邀请。里奇利接受了这项任命，但是到了第二天，也就是 10 月 19 日星期六，他又拒绝担任这个职务。这个反转来得太突然。当结算行宣布清查贸易国民银行的时候，虽然引发了金融界的震惊，但整体上人们的感觉还是偏乐观的，大部分人认为股价暴跌引发的动荡对于贸易国民银行来说不会有实质性的打击。但是现在，无人愿意接手行长这个职位让外界逐渐地意识到，也许真相比人们想象的更严峻。

度过一个暗流涌动的周末之后，10 月 21 日星期一的早报上，在有关结算行的新闻报道中，语气又明显地轻松起来。股票市场也体现了这种乐观的情绪，股市猛涨了好几个点。然而，在收盘以后传来了这样的公告：商业国民银行（National Bank of Commerce）自星期二以后，将不再继续为纽约人信托公司办理结算业务。这时，人们才意识到一个极其危险的风暴正在形成。公告一经发布，纽约人信托公司的总裁兼董事查尔斯·T.巴尼（Charles T. Barney）立刻辞职，因为他和海因策兄弟也存在着资金方面的合作。这意味着纽约人信托公司也受到海因策事件的牵连，并且是纽约几十家信托公司中第一家受到牵连的。当天晚上，巴尼匆忙地想见摩根，但是摩根不想见他。纽约人信托公司是这个城市中最大的信托公司之一，管理着 6200 多万美元的客户存款。

结算行协会继续对和海因策兄弟多少有些关系的两家银行进行了调查，结果发现它们和贸易国民银行一样资不抵债。救助了第一家之后，结算行协会决定继续开展救助，帮助这两家银行渡过难关。

10 月 15 日星期二，联合铜业股票开始暴跌，在不到一周的时间里，两家经纪人公司承受了灭顶之灾，一家小的储蓄银行因挤兑而关门，至少三家国民银行需要救助。这个事件标志着 1907 年大恐慌的开始，特点是以铜板块暴跌为主线，从证券市场蔓延到银行。但大恐慌真正到来和爆发是在 10 月 22 日。陷入严重危机的不是银行业而是信托业。甚至可以说，在危机之中，银行业的核心支柱相对来说是安全的。10 月 22 日下午，当结算行委员会宣布他们的调查结果时，他们声称没有一家国民银行要求任何援助，全部具备自有资金结算能力。只有一家小银行需要援助。投资者们看到银行业没有出现太大的麻烦后反倒开始乐观，股市甚至因此出现反弹。

从这一天起，金融风暴的演化不再和铜业公司的股价紧密相关，而是按照戴维森和斯特朗所担心的，对金融系统中的弱点给予致命一击。

## 那时的纽约证券交易所

那时的纽约证券交易所实行的是会员制。要想成为会员,只能通过补填空缺会员或者购买现有会员资格的方式加入。同时,还必须获得招募委员会中至少2/3的委员的批准。会员费一直都很高,曾经一度高达9.5万美元。1912年,会员费大约为5万美元,入会费用是2000美元,例行的手续费用是每年100美元。从1879年到1912年,虽然纽约证券交易所的交易数量和交易额已经分别从7500万股和4.13亿美元上升到约1.3亿股和约6.65亿美元,交易所的证券数量也已经翻了50倍,但是纽交所的会员数量一直没有增加,仅有1100个会员。任何一家公司一旦在某一家证券所上市交易,它就无法成为其他证券交易所的会员。

在纽约证券交易所的交易大厅内,每只证券都有一个"台式摊位",该证券的全部买卖都在这个摊位柜台上进行。证券交易的过程非常原始而简单:买方和卖方互换一张交易票据,票据上面记载着一方已经买入某种证券,另一方已经卖出这种证券。

贷款的方式也非常原始:有一个柜台是专门用来进行贷款磋商的。柜台上有一张公告牌,列明贷款开市之后(通常大约在中午11时)最初的半个小时或者45分钟内贷款的金额和利息。这些记录在册的贷款的开市利息、最高利息和最低利息的平均值就是本交易日的利息。每个交易日,都会张贴出来一个简报,列明前一个交易日的开市利息、最高利息和最低利息。在当时,纽约证券交易所对所有的证券销售和贷款都不保留任何记录。

交易大厅内的报价决定着所有挂牌的上市公司的当前价格。它们是美国各级法院和货币监理署衡量该公司价值的尺度,也是各家银行向该公司提供贷款的价值依据。具体而言,银行是以纽约证券交易所中的报价作为基础来计算同该证券相关的贷款额度。通常的做法是,在这只证券报价的基础上减掉10美元,就是这只证券的估值,然后再以这个估值作为基准发放贷款,贷款的额度不超过这个估值的80%。可以想见,对企业家们来说,在纽交所上市是一件多么令人垂涎的事情。在1902—1912年的10年间,纽约交易所年均交易的股票数量高达1.965亿股。从价格上来看,年均成交额高达近150亿美元,其中债券交易额为8亿美元。

关于纽约交易所当时的治理情况参见附录4。

第三章

**10 月 22 日星期二:
漫长的一天**

# 罗斯福的马车

"在过去的这几个月期间，在高额融资领域，尤其是在证券交易市场上，存在着一些麻烦。人们经常会说，我主张的那些政策，包括立法和行政方面的政策，是导致这些麻烦的根源。现在，先生们，我推行的这些政策可以用简短的一句话来概括：这些政策意在惩罚那些通过旁门左道获得成功的行为。这些政策在导致当前这些麻烦的过程中究竟是不是真的起到过什么实质性的影响，我表示怀疑。但是，即使这些政策真的是引起当前麻烦的根源，也丝毫不会改变我的决心：在我任期剩下的 16 个月里，这些政策将会坚定不移地贯彻实施下去。"

总统西奥多·罗斯福的演讲不时被听众热情的掌声打断。这里是美国田纳西州纳什维尔市的莱曼大礼堂，时间是 1907 年 10 月 22 日星期二。在这座城市，罗斯福的马车无论行驶到哪里，迎接他的都是一阵接一阵的喝彩和掌声。虽然华尔街一直对总统牢骚满腹，但是媒体评价说："有史以来，北方的总统在美国南部诸州还从来没有受到过像今天这样经久不息的欢迎。"总统演讲的内容围绕商业操守等话题展开，洋洋洒洒，媒体称赞说这是"一场特别让人折服的演讲"。

罗斯福说的没错。证券市场的"麻烦"在过去几个月中一直挥之不去。虽然总统班底中曾有人试图就恢复投资者信心为总统出谋划策,但并不奏效。到 8 月初,投资者信心不足的征兆已充分展现出来。美国地区法院一名法官对印第安纳标准石油公司进行了罚款,罚金高达 2900 万美元。约翰·洛克菲勒扬言说法官在见到罚金时就会一命呜呼。一周内,股价再次暴跌。

面对谴责之声,罗斯福表示出的不是反思而是怀疑。他把 8 月以来的经济紧缩称为一场"小雪"而不是一个"恐慌",理由是:"如果华尔街的混乱是他的过错,那为什么法国、英国、德国和加拿大的股市也表现不佳呢?"他进一步推断说:"目前的困难是世界性的。"

罗斯福继续慷慨陈词。除了他的妻子和私人医生,没有人知道他的左眼已经丧失了视力。罗斯福小时候体弱多病,长期患有哮喘,而且高度近视,"只能去研究那些自己撞到或绊到的东西",他在自传中写道。直到佩戴上第一副眼镜,他才意识到世界是如此美妙。在被两个年龄相仿的男孩子轻而易举地欺负和戏弄一番之后,罗斯福痛下决心,开始学习拳击。失去视力的左眼就是一次拳击受伤后留下的后遗症。在一阵阵的掌声中,罗斯福的演讲逐渐接近尾声:

"要想在我们这个国家中唤起那种公民气概,遭受任何暂时性的商业萧条都是必要的。我理应会考虑这个代价,但是这个代价不是很大。我们所做的一切都是为了揭露不道德的行为。揭露不道德的行为本身不会造成损害。我所做的事情就是把灯打开。我会对打开灯这件事负责,但是,对于灯光暴露出了什么,不是我的责任。"(演讲节选详见附录1)

在罗斯福总统的两届任期内，美国的财富一直以"每秒 1474 美元，每分钟 88430 美元，每小时 550 万美元，每天 1.273 亿美元的速度增长"。美国的农民们从未有过这么好的收成；铁路似乎都在欢歌，只因其运输量史无前例；造船厂在悸动；工程量也创了纪录；美元如春潮般涌向银行。自上次人口普查以来，美国有 45 个州的财富都在增长。华盛顿的《明星晚报》骄傲地说："我们是世界上最富有的人。"

热情的民众不肯让总统离去。时间一分一秒地过去，比计划的时间已经迟了 1 个小时，总统仍然还在人群中攀谈。秘书和特勤局保镖几乎强行地把他拖出人群，才得以摆脱那些热情的市民。

傍晚 6 点 10 分，罗斯福的专列抵达一座东南部城市的中心火车站。专列刚一进站，又一场声势浩大的群众欢迎场面扑面而来。欢呼声此起彼伏，不绝于耳。人群如潮水一般涌向总统乘坐的马车。妇女们被巨大的人流裹挟着，根本站不住脚，而男人们也纷纷奋力抽身而逃，避免被推倒。现场有不下 2 万人，随时都有发生踩踏的危险。总统一再试图发表讲话，但仍未能控制住极度热情的群众。最终，罗斯福不得不打消继续讲话的念头。

6 点 31 分，在做短暂停留之后，总统的专列在汽笛声中缓缓驶离站台。罗斯福不断地向激动的人群挥舞着手臂。欢呼声始终追随着他，直到轰鸣的列车消失在人们的视野中。

## 希金斯的苦恼

最早到纽约来定居的是荷兰人，后来还有英国人、德国人和犹太人。类似于中国人会把江西人称为"老表"一样，早期荷兰移民的后代，人们被称之为尼克伯克（Knickerbocker），其实就是纽约人的另一种说法。

在今天的纽约时代广场核心地段，有一家名叫纽约人的酒店，大理石支柱、玛瑙色的立面，和周围高大的建筑相比，显得格格不入。但是在100多年前，这座建筑曾经孤傲地站在那里，像罗马神殿一样稳如泰山。这里是纽约人信托公司的总部。四个巨大的柯林斯式的圆柱耸立在大厦前，大厦内部更显奢华：在客户等待区的四周，是巨大的挪威大理石墙、铜制装饰、昂贵的桃花心木摆设。这一切仿佛在向世人述说着，没有任何力量可以动摇这家成立了23年的信托公司——当时美国最大的金融机构之一。但是在1907年10月22日这天，它的基石动摇了。

早上营业时间一到，大厦门前几乎没有多少顾客。但是董事长福斯特·希金斯（Foster Higgins）却忧心忡忡。他仿佛听到这片刻的安静中暗藏着末日的钟声，而他却只能站在这辉煌的大厅里焦急地等待着什么人的到来。

罗斯福一直在一边旅行一边发表讲话，市场上弥漫着一种焦虑的情绪。经济形势已经处于风雨飘摇之中，人们不希望再听到任何恶化市场的声音。总统的讲话没有任何新思想和新主张，只不过是一些老调重弹，还夹杂一些刺耳的噪声。一句引起广泛关注的话是："如果务实的正道和空想的商业相悖，那就让空想的商业需要滚到一边去吧。"罗斯福还呼吁国家的法院系统要建立一种"建设性的法院审判规程"，也就是说，他认为应该扩展宪法中的条款，增大行政系统官员和立法机构的权力。

股市似乎没有怎么注意到总统的老调重弹，但是银行界则完全不同，不信任感急剧加重和扩散。偏偏在这个节骨眼上，又接连地发生很多负面事件。酝酿已久的混乱和恐慌终于在这个月气势汹汹地降临了。在过去的一个月里，从纽约人信托公司取走的银行存款大约有600万美元。一场金融动荡正迎面而来，但是希金斯也搞不明白这场汹涌的波涛究竟会有多大的毁灭性。

这一年，美国有近2.1万家州一级和国家级的银行。整个金融系统的运转方式是：大部分银行都会把剩余的钱存进纽约相应的银行，因为那里是美国金融中心，纽约的银行再把这些钱借给证券公司、个人或者企业，其他地区的小银行也能够随时从这里提到钱。按照要求，纽约的大型国家级银行只保留存款总额 25% 的现金以供提取。因此，如果这些对口银行突然同时要求提款，那些大型银行是不可能及时兑付的。

当时的美国没有中央银行。在那个人们称为"国民银行"的时代，其特点之一是私人结算行迅速崛起。到国民银行时代末期，结算行甚至承担了央行通常履行的职责：持有货币储备、监管会员银行、紧急发行货币等。在 1907 年的大恐慌中，结算行的行动对遏制恐慌的蔓延起到了关键作用，在救助受挤兑的银行方面可以说是勠力同心。但现在，动荡已经从银行蔓延到了信托公司，曾经响当当的纽约人信托公司现在深陷漩涡，那根压死骆驼的稻草恰恰来自结算行。一个原因是，纽约的国民银行是结算行的会员，但信托公司不是。背后的纠葛，要从三四年前信托公司一个鲁莽草率的行动说起。

1903 年，纽约结算行坚持要求使用纽约结算行进行资金融通的所有信托公司都要有现金储备，并且在 1903 年 6 月 1 日将这个储备率锁定在 5%。到 1904 年 2 月 1 日又将这个储备率锁定在 7.5%；到 1904 年 6 月 1 日再一次将这个储备率锁定在 10%，而且纽约结算行保留上调 5% 的权力。1906 年开始生效的温赖特法案（Wainwright bill）则明确规定储备率为 15%，而且这些储备的 1/3 必须是法定货币，存放在公司的金库里；1/3 的储备可以是政府债券，包括联邦政府债券、州或市政府债券；而其余 1/3 的储备可以是存入纽约州内其他金融机构中的存款。1907 年，要加入纽约结算行，信托公司的储备率据说需要达到 25%。

面对纽约结算行对信托公司实行储备率的要求，急于扩张的信托公司另有打算。最终，它们决定不接受这个要求而选择退出了纽约结算行。但也有另一种说法是，信托公司当年退出结算行的真正原因不是因为储备金，而是因为结算行在拟定这条规则之前，没有同信托公司进行过磋商。

在制定这条规定的过程中，也没有征询过信托公司的意见。只是在发布这条规定之后，就直接让它们遵守这条规定。这让年轻气盛的信托公司拂袖而去。

不是结算行的会员，但结算行的价值又必不可少，信托公司只能"曲线救国"，通过将结算行的会员银行作为它的结算代理来享受结算行的服务。要想让银行愿意为自己代理这些服务，信托公司就会在银行大量存款，作为结算余额。同时，银行也会把存款放在信托公司以赚取更高的收益。这样你中有我、我中有你的关系，在经济繁荣的时候可以亲密无间，安稳度日，但是当挤兑风潮席卷而来的时候，银行和信托公司之间本来就不稳定、不明确的关系，很容易分崩离析。（在《普约报告》中，第一章的内容就是围绕结算行的，参见附录 2）

10 月以来，针对商业银行、储蓄银行和信托公司的挤兑现象迅速增加，并蔓延到全国各地。所幸的是，银行结算行协会的救助行动基本稳住了储户的信心。人们以为这场危机会到此为止了，但是希金斯心里清楚，银行业的麻烦是小麻烦，信托业的麻烦才是大麻烦。如果信托业遭到全面的挤兑，这会是真正的至暗时刻。银行有自己的结算行，但是信托业没有，而是依赖于银行业。要命的是，银行业一直以来对信托业的快速扩张、蚕食自己的地盘的行为耿耿于怀。

在 1896—1906 年的 10 年中，纽约的信托公司资产与负债都比国家银行增长得要快。到了 1907 年，信托公司这种相对不受监管的金融机构所掌控的资产规模已经与国民银行旗鼓相当。可以想象，在这种不公平的竞争环境里，银行业对野蛮生长的信托公司的心态是有一点"羡慕嫉妒恨"的。当恐慌从银行业蔓延到信托业的时候，正在恐慌中挣扎着的银行业自己还惊魂未定，实在不想再去蹚信托业的浑水了。结算行毕竟是一家私人机构，在许多人眼中它就是一个有钱人的俱乐部。当乌云压顶的时候，它和银行是一个战壕的战友，但信托公司不是。危在旦夕的信托公司只能转而求助于摩根，这就是摩根团队跨界救助的由来。野蛮扩张同时又管理不善的信托公司，也是戴维森和斯特朗一直担心的，但是谁也不会想到，纽约最大的金融机构之一，纽约人信托公司会被结算行的一则公告推至危机的边缘。真是相煎何太急。

纽约人信托公司的代理结算银行是商业国民银行，这家银行在结算行的借方余额是 700 万美元。其中，大部分是纽约人信托公司的欠账。10 月 21 日，结算行发布了通告，商业国民银行将从今天开始终止同纽约人信托公司之间的结算代理关系（关于结算行与会员的关系，在大恐慌期间结算行如何草率地结束会员资格，《普约报告》中披露了详尽的调查结果，参见附录 3）。希金斯很清楚这意味着什么：他被踢到大街上了。这个消息要是被散布出去，传播到纽约人信托公司的 1.8 万名储户的耳朵里，一场疯狂的挤兑注定会发生。而且，他还必须在今天偿还商业国民银行的 700 多万元借款。此时此刻，他迫切需要资金的援助，而且是一笔相当大的资金。昨天，摩根那边答应说要筹集 500 万美元援助纽约人信托公司，各家信托公司总裁们也答应说准备向他提供 1000 万美元的援助资金，但是到现在为止，他连一分钱的援助也没有等到。

## 挤兑爆发

摩根左右为难。

他和纽约人信托公司的高管开会一直开到凌晨 2 点，始终也没能拿出一个明确的救助方案，只好让纽约人信托公司照常营业，并安排戴维森和斯特朗两人去审查公司账目。摩根告诉他们，如果他们发现公司财务状况尚可，他将设法筹资维持该公司的正常运营。

戴维森和斯特朗在纽约人信托公司营业厅后面的办公室里，为救助这家公司寻找理由。摩根需要他们回答两个问题：第一个问题是，这家信托公司是否还有支付能力；第二个问题是，他们是否拥有足够的资产以得到必要的贷款。斯特朗匆忙地开始调查一笔笔的贷款。说实话，慌乱之中他也不知道应该从哪里入手，于是，他想先从收集那些曾对这家公司提供过贷款的投资人的意见开始。

10 点到 11 点，情况突然发生了变化。

一大列马车和汽车径直开到纽约人信托公司大厦的路边，一大群人在出款栅栏窗口前排起了长龙，每个人都急切地想取走自己的存款。高声喧闹的取款人大多数是妇女，其中有几位家境颇丰，有的带着身穿制服的仆人，坐着豪华私家马车；有的则开着巨大的喷着烟的汽车，一直把车子行驶到大厦前的马路牙子才停车。她们不得不同那些步行而来、身份卑微得多的取款人一起抢位置、排长队。

在斯特朗埋头工作的时候，戴维森不停地在办公室进进出出。即便是坐在后端的办公室里，他们都能清晰地听到那些在排长队等待取现的储户的对话。一个个简短的问题，意味着人们在尽可能搜集关于未来将会发生什么的点滴信息。

银行职员们急急忙忙地从保险库中取出一捆捆钞票和一堆堆硬币。出纳员以最快的速度操作，但是仍然不能缩短排队等候的队伍。人们的情绪开始焦躁起来。一位董事出来发表讲话，安抚大家说："绝对没有什么值得担忧和害怕的。我们手中的现款多的是，能够满足所有的提款要求。这样激动、焦躁是头脑发热的愚蠢行为。当前的激动不安情绪纯粹都是一时的冲动。一旦平息下来，那些现在提款的储户，将来肯定就会后悔的。"但他的讲话像是狂风骤雨中的一片落叶，没能起到任何安慰的效果。

赶来取款的人越聚越多，排队的长龙已经从大厦后部的出纳员窗口一直延续到大厦走廊，又从走廊延续到大厦的外门口。眼看着根本无法控制了，希金斯不得不向警察求助。

第一次讲话后不久，这位董事很快就又做了第二次讲话，他补充说道："现在，纽约人信托公司保险库里有现金 800 万美元，可以用于所有分行的兑付。但是，这 800 万美元现金还远不是公司的全部现款。因为无论在什么时候，只要需要，我们这个信托公司都还能再有 1000 万美元的现金资源。"可这番话仍然没有让挤兑的风潮有半点缓和。

快近中午的时候，现金已经全部被取走了。斯特朗和戴维森的调查才刚刚开了个头，而摩根还在等待着他们能给出一些答案。

大约中午时，戴维森来到斯特朗的办公室，斯特朗花了大概 15 ～ 20 分钟向他描绘了当下的情况，但说实话，当时他连一半的调查都没有完成。在极其有限的时间里，斯特朗认为根本不可能做出判断。最终，戴维森和斯特朗告诉摩根，他们无法确定该公司是否有足够的资产做抵押以保证短时间内筹集到必要的贷款。摩根决定不管此事了，尽管查尔斯·巴尼是他的老熟人。戴维森和斯特朗带着沮丧和挫败的心情离开大楼，那种滋味实在无法用语言描述。

下午 2 点钟左右，等着取款的队伍大约还有 400 多人，有很多人手中拿着装钱的袋子。这时候，副总裁出来宣布了一份停止支付的公告。顿时，抱怨声、尖叫声响成一片。警察冲了进来，把大厅里的所有储户赶出大厦。职员们趁着间隙赶快关闭了所有的大门，但是一群接着一群的储户如波浪一般试图涌进大厦，又被警察统统赶了出去，并且命令他们明天再来。汽车和马车挤满了第五大道，占据了整整两个街区，不知情的人都在拼命地想弄清楚究竟发生了什么。

## 所有的人都把自己的钱攥紧了

纽约人信托公司今天偿付的 800 万美元，大部分都是用于偿付拖欠商业国民银行的债务。储户提走的钱款是纽约人信托公司金库里的全部资金。不仅总部，纽约人信托公司好几个营业厅都出现了疯狂的挤兑。

整个下午，希金斯和董事们一场接一场地开会。他在不同的会议室里穿梭，所有人都渴望从他那里找到答案。昨天总裁巴尼辞职之后，作为董事长的他被迫从幕后走到了前台。董事会在对于巴尼辞职的官方声明中说：

> 因为巴尼同摩尔斯先生（海因策的合伙人）和其公司之间的关系，他决定，虽然他没有辜负纽约人信托公司，但是，为了公司利益最大化，他辞去总裁职务。

董事会突然发布这份声明本来是想撇清和海因策的关系，没想到等来的却是被纽约结算行抛弃的通知。在这个生死攸关的时刻，希金斯只能靠信托业的同行们来拯救自己。纽约 25 家主要信托公司的总裁们下午一直在开会。希金斯向他们呈报了一份纽约人信托公司的财务状况表，礼貌地询问了有没有可能提供援助，但他没有得到明确的答复。希金斯只好黯然离开。

会议的结论是成立两个三人委员会，一个委员会负责围绕信托公司之间的密切合作提出一个计划，类似于成立一个信托公司的临时结算行，另一个调查委员会负责同纽约人信托公司董事们进行磋商。如果纽约人信托公司的财务状况还算可以，值得救助，这些信托公司将向其提供充足的援助资金。不过，有几家最重要的信托公司负责人并没有参加这次会议。华尔街普遍认为，他们之所以不肯露面，是因为他们对这家临时落难的同行并不同情。

这两个委员会的架构几乎就是摩根救市团队在信托业的翻版。只不过在摩根的会议室里，他们代表着被救助的一方。而在希金斯的会议室里，他们是施救的一方。委员们开完会后，来到希金斯的办公室。他们告诉希金斯，他们愿意帮助他，但是他们想查看一下纽约人信托公司持有的全部证券。其中一个人对希金斯说道："我们原本可能会帮你的，可是在这儿，你已经把你的大门关上了。"

"你的意思是，"希金斯说，"你不想骑死马，做徒劳无益的事情吧！不过，我希望你能清楚地认识到，纽约人信托公司不是一匹死马，所以，你打算对它怎么做呢？"

委员会的人的确另有打算。并不是他们不愿意帮助纽约人信托公司，而是帮助纽约人信托公司的时间窗口已经关闭了。即便昨夜大家决定向纽约人信托公司提供资金，这种援助行动对于今天早上 9 点钟开门的纽约人信托公司没有任何实质性的帮助。因为在 9 点钟以前，他们不可能把所有总裁们召集到一起采取行动，把资金筹措到位也需要几个小时的时间。

希金斯的同事们一直在焦急地等着他。虽然他看上去既抑郁又沮丧，人们还是忍不住问他开会的结果如何。他回答说："我真的不知道这个会将有什么样的结果。"有人很直白地问他，这些信托公司的总裁们是不是不太情愿帮助纽约人信托公司走出困境，希金斯回答说："不能用'不太情愿'这样的说法来说这件事。他们似乎觉得，他们应当把自己所有的钱都攥紧了。"

下午 6 点钟左右，董事会临时休会。董事们一个接着一个悄然离去，大多数人连一句话都不想说。大家心里很清楚，没有一家信托公司能够经受得住这样大规模的挤兑。他们知道明天对纽约人信托公司意味着什么。

在另一个地点的记者见面会上，面对记者一次又一次的追问，调查委员会委员的回答表现出了极度的消极和无奈。

问：究竟有没有什么办法救助这个公司呀？如果有办法的话，这个办法是什么？

答：能为纽约人信托公司做的一切事情，信托公司协会的所有成员公司都将全力而为。也就是说，如果有任何事情能做的话，他们都会做的。

问：今天没有外部援助提供过来，这是怎么回事呢？

答：你别忘了，今天下午3点，这种情况才第一次被正式地提交协会。直到昨天傍晚6点钟的时候，在整个协会中，还没有一个人知道这种情况呢！

有人追问道：昨天傍晚做出的那些承诺为什么没有兑现呢？

答：昨天傍晚没有做过任何的承诺。

问：不是已经通报广大公众，说其他金融机构将会在今天直接提供1000万美元的救援资金的吗？

答：昨晚没有做出过这样的承诺，今天也没有做过这样的承诺。我不知道怎么居然会有这样的说法。

问：那么，到了明天上午之前，协会能不能会提供援助呢？

答：根本不会。我们必须得先了解我们当前处于什么样的情况。我们必须得先调查研究一下。在我们调查完毕，清楚了解所有的真实情况后，如果有必要，我们将会提供我们力所能及的所有援助。

问：信托公司协会联络到的这些信托公司，假如它们已经决定要采取对纽约人信托公司的援助行动，那么，这些信托公司能不能凑出足够的资金来援助纽约人信托公司呢？或者说，如果它们及时地接到这样的援助通知，是不是它们可能已经这样做了呢？

答：是的，这些信托公司能够做到。在这样的事情上，它们能够像银行那样采取行动。

问：其余的信托公司是不是都急切地想救助纽约人信托公司呢？

委员大人举起了一只手，然后断然地放下，说道：它们要是不想救助纽约人信托公司，它们就是在自杀。

虽然希金斯不愿意说出明天会发生什么，但是大家心里都很清楚，已经有记者开始追问破产的法律程序了。每个人的表情都是苦恼至极。一位副总裁干脆把大部分罪责都归咎于"一个人"，是他"毁了这个国家的信贷系统"。

"货币市场的所有动荡都是由一个人搅起来的。在过去的 6 个月里，在各种讲话中，他一点一点、一步一步地破坏着这个国家的信贷系统。在昨夜，纽约人信托公司的资产还远远地超过债务，仅仅只有一个晚上，储户们对这个公司的信心就轰然崩塌了。"他愤愤不平地说，"这一切都是由一个人导致的，而且是一个对信贷系统一窍不通的人导致的。"

斯特朗在后来回忆这次救助行动时，也对行动的时间窗口如此紧迫而无可奈何："如果再有额外的 24 小时，也许我们还能够做到。"当时，他和戴维森在商量如何向摩根汇报的时候，极度紧张和不情愿。两人都认为，在那么有限的时间里，他们无论如何都不可能提交什么靠谱的报告。在斯特朗看来，纽约人信托公司"出纳柜台的窗口早在我们参与之前就关闭了"。也许这是斯特朗一生中经历的第一次失败的救助行动，他在一封 22 页的长信中写道，他永远都不会忘记那些在银行门口排队的人们，其中有的人是他认识的，他们脸上浮现出的焦虑让他如芒在背。

纽约人信托公司不是唯一一家遭受挤兑的公司。这一天，同样遭受严重打击的是拥有 1 亿美元资产的美洲信托公司，储户提走了高达 400 多万美元的存款。和纽约人信托公司一样，美洲信托公司也是纽约市中最大的信托公司之一。

当总统罗斯福的马车在纳什维尔的街道上疾驰的时候，纽约人信托公司在总计偿付了 800 万美元的存款之后，关门停业。这个消息上了第二天各大媒体的版面。等它再次开门营业，已经是 1908 年 3 月的事了。

"1907 大恐慌"真正的起点是纽约人信托公司的崩盘。纽约人信托公司轰然坍塌之后，美洲信托公司成为恐慌第二个追杀的对象，它也将成为这个故事中真正的主角——一个始终在悬崖边挣扎的人，率领美洲信托公司走出困境的索恩对此有着刻骨铭心的体会。

## 雪茄与晚餐

10月22日晚上9点，财政部长科特柳抵达纽约。今天一早，科特柳向纽约市的6家国民银行每家注入了100万美元的政府资金之后，离开华盛顿来到纽约。

一入住曼哈顿酒店，科特柳就投入会议之中。助理财政部长向他简要介绍了纽约金融业的形势之后，科特柳会见了受邀前来的几位金融界人士，也就是摩根领衔的救市总指挥。拜访过科特柳之后，摩根又回到他的办公室，继续和一大批显要的银行家开会。

纽约市是全美境内唯一一个正在经受金融恐慌的城市。据说，在几个月之前，为了应对粮食流通不景气而调拨到全国的财政资金正在抽调回来，帮助本市的各家银行度过当前的危机，以便将这场麻烦控制在纽约市以内。

摩根一整天几乎没有时间吃饭，而是用雪茄代替了食物。珀金斯当晚发电报给摩根的儿子杰克说："每个人的手都伸向你父亲，但他现在还挺得住。"珀金斯也是救市团队成员之一，他担任摩根公司驻华盛顿的代表有10年的时间，一直与罗斯福总统保持着不错的关系，人们称他为摩根的"国务卿"。在这场危机中，珀金斯扮演了公共关系和政府关系双重协调人的角色，特别是在摩根和科特柳之间。

财政部长科特柳和摩根指挥部的会议一直持续到10月23日凌晨1点钟左右。在会议结束时，科特柳对媒体说道：

我再重复一遍昨天下午在离开华盛顿之前我已经说过的那些话。我之所以这样做，只是想要强调一下目前财政部的态度。财政部将不遗余力地提供援助，利用其所有的金融工具，采取一切妥善的方式帮助那些合法经营的商业企业。财政部的行动不仅很快就将到来，而且这样的行动还很全面周密。纽约市中各家国民银行的财务实力当前仍然都极其强劲稳健。

这儿的总体形势似乎完全都在掌握之中，我们完全能够应付得了。而且不少身居要职、权高望重的人正在关心和处理这样的局势，例如，他们最近在结算行采取的措施深得人心，已经获得公众的高度赞同。信托公司同样地同心同德，协调努力，共克时艰，采取了类似的行动。这样集体性的行动将会大有帮助，产生广泛深远的效果。明天，我要到纽约国库，在那里全天坐镇。

人们对于会议的感觉普遍是，总体而言，当前的金融形势有所改善，完全在可控范围以内，而且也没有可能会导致普遍性恐慌的理由。但是，大众看到的只是冰山之上的表象。能够了解冰山之下的情形的，只有掌握信息的救市团队。但救市团队知道的仅仅是在冰山之下的浅层部分，更有深度的信息没有人能够掌握，或者说，需要更多的时间来获取和了解冰山的全貌。

谁也想不到，年初时人们那么乐观地迎接新年的到来，那种欣欣向荣的景象如今却变成了惊恐万分的末日挤兑。在耗光了最后一分钱之后，希金斯不得不宣布提前停止营业。从结算行宣布拒绝为纽约人信托公司清算到纽约人信托公司提前终止营业，不过 24 小时的时间。一场呼啸而至的挤兑让一家老牌信托公司轰然倒下，大恐慌由此真正地爆发。

  一波未平一波又起。当天深夜，珀金斯在和媒体沟通的时候表示，他们将救助那些状况良好的信托公司。为了缓和公众的焦虑，珀金斯承诺将救助美洲信托公司。可是在这种恐慌的气氛下，提及任何一个机构的名字都是致命的错误。

第四章

# 10 月 23 日星期三:
# 最壮观的挤兑

## 斯特朗第二次肩负使命

恐惧一次次地袭来。想象着即将爆发的灾难，尤其是意识到自己对拯救纽约人信托公司无能为力，斯特朗更加难以入眠。半夜两点左右，电话铃响了，戴维森的秘书通知他立刻驱车赶过来，与前天组成的调查委员小组成员马上开始调查。他们先到贝尔蒙特（Belmont）酒店碰头，与戴维森及其他的银行家共同讨论如何救助美洲信托公司。

直到清晨6点钟，摩根终于走出自己位于市中心的办公室。这时候，距离纽约人信托公司关门已经过去了16个小时，距离美洲信托公司开门营业还有4个小时。他对守候在门口的记者们说："凡是我们能做的事情，我们都在全力以赴地进行。但是，直到目前，我们还没有见到任何明显的结果。"

一位参会的著名银行家透露，结算行和摩根团队昨天之所以没有救助纽约人信托公司，首要原因是大家普遍认为，这个公司的资本和盈余已经严重受损减值。现在，大家担心的是美洲信托公司能否挺过这一关。结算行和摩根都认为，如果美洲信托公司的财务状况真的如他们所说的那样，那么它的财务状况就同纽约人信托公司有着天壤之别。和纽约人信托公司一样，美洲信托公司也是纽约市中最大的信托公司之一，管理着6400万美元的客户存款。就在上一周，其100美元面值的公司股票在证券交易所中的报价高达650美元。而且，美洲信托公司拥有1200万美元的现金。

斯特朗见到戴维森和其他人的时候，他们都在着衣打扮，为即将到来的紧张的一天做准备。戴维森的想法是，情况之所以发展到昨天的态势，主要是因为时间太紧，而并非他们对情况认知不足。美洲信托能否避免重蹈纽约人信托的覆辙，就看这几个小时了。他要求斯特朗马上进行最紧急的调查，以便制订向美洲信托公司提供援助贷款的条件概要。

没睡几个小时，摩根就被他的女婿十万火急地叫醒了。岁月不饶人，摩根已经说不出话来了，似乎处于一种昏迷状态。他的私人医生过来给他看病，开了一些止咳的漱口剂和喷雾剂。

虽然危机时刻把握局势对摩根来说已经是家常便饭，但摩根从小就被身体上的脆弱所困扰。父母曾经一度为他能否活下来而忧心忡忡。长大之后，总是有一种莫名的忧郁让他无法到学校上课。他一生都在与病魔纠缠，一种病刚好，另一种病又来了。他的第一任妻子在短暂的蜜月之后就去世了。摩根伤心欲绝，从意大利定做了一块粉红色的大理石墓碑，上面写着"并未失去，只是先行"。之后，摩根得了轻度天花。痊愈之后，在忘我的工作中，摩根又因劳累过度而患上了严重的头疼。内战期间，摩根因为健康原因缴纳了300美元而免服兵役。30岁的时候，他和妻子范妮双双患上了抑郁症。摩根不得不对自己的健康倍加小心。他一方面管理着跨大西洋的贸易，一方面又要定期去欧洲疗养，以防止自己神经衰弱和精神崩溃。

到达华尔街23号的时候，摩根已经迟到了。爱德华·哈里曼（Edward Harriman）和几位金融界的重要人物已经在他的办公室里等了一会儿了。

他们想知道摩根对于结束这场灾难有什么样的打算。没想到摩根说他自己也不清楚。摩根决定召集信托公司总裁中午时分在他的办公室开会。戴维森希望斯特朗届时能为摩根准备一些报告。

哈里曼自称为"美国的拿破仑"、铁路界的"小巨人"，因为身材矮小，摩根称他为"小个子哈里曼"。虽然他与摩根长期失和而且冲突不断，但在这次救市行动中，他和摩根走到了一起。

## 纽约分部的狂奔

这是疯狂的一天。最能体现这一天紧张气氛的，是从美洲信托公司运送到摩根办公室的皮箱子。在华尔街，皮箱子意味着现金或证券。在财政部纽约分部，上演着另一场盛大的运钱大战。

从上午 10 点开门一直到下午关门，财政部纽约分部能看到一个许多年没见过的画面：来自城市各处的信使们带来了用于装钱的皮质书包和手提袋。行李搬运工和保安们说，他们从未见过如此这般的黄金和纸币的盛景，哪怕圣诞节前的疯狂购物季也不会如此。

各式各样的汽车把纽约分部门口的大街都占满了。一辆辆载满成箱黄金的货车刚一从财政部纽约分部驶出，另一波大货车迅速就位。装有纸币的盒子和书包则由小汽车和出租车运走。许多银行的代表乘坐马车赶到，让拥挤的场面更加混乱。需求量最大的是硬币，其中多数是小额的银币和铜币。这是银行兑现支票时找补零钱、关闭账户时的必需品。今天早些时候，价值 1000 万美元的面额为 20 美元以下的小额货币已经从华盛顿运往纽约。

就在银行职员们紧张地埋头工作的时候，一个土豪模样的人走进收银员的办公室，把一大堆政府债券推进窗口。收银员打量了一下，这些债券至少价值 5 万美元。

"有谁能告诉我这些债券是真的吗？"土豪问，"请看一下这些债券是否被列为偷窃物品，或者无法辨别。"

收银员看了一下债券，然后又看了一遍。

"它们是真的。"收银员说，然后将债券递给窗外的土豪。来人大舒一口气，说他曾是纽约人信托公司的储户，并且已经在周一把储蓄取现了。带着对信托机构的不信任，他用这些钱买了债券，又带着对这些债券真伪性的担心，来到了这里。

直到财政部纽约分部关门前，各家银行的信使们还在奔忙，以至于往常可以轻松进出的记者们需要在门外等候，直到被召唤。

一位拜访了科特柳的银行家对媒体说："我相信最坏的时候已经过去了。今天将是（恐慌）的一个节点。未来应该不会再有类似的困境或刺激。不应该再有什么理由去挤兑银行或信托公司。人们有点失去心智了。这场刺激在很大程度上是由耸人听闻的报道导致的。耸人听闻的消息，我希望，也相信，已经不攻自破了。"

下午晚些时候，科特柳离开财政分部前往他下榻的曼哈顿酒店。当记者问他时，他说："我来这里是为了解决困境，直到现在我所做的，已经在很大程度上完成了这项使命。"

## "这就是我们解决所有问题的地方"

在美洲信托办公室里，斯特朗和调查小组的其他几位成员已经就位。他们分别有各自擅长的贷款类型，在最短的时间里划分清楚各自的调查范围之后，开始埋头工作。整个上午，戴维森进来三四次查看他们的进度，而且和斯特朗随时通过电话沟通。让斯特朗觉得有点安心的是，他发现手下的每个人对贷款的看法都很有见地，有可能得出一个综合性的结论。大约中午 12 点 30 分，戴维森向斯特朗发出了最后的督促。

下午 1 点钟，美洲信托公司总裁索恩来到摩根办公室。办公室被分成许多小隔间，其中有两间连在一起，中间有可折叠的门。信托公司的主席们在其中一间会面，摩根、贝克、斯蒂尔曼，这三位救市总指挥都在后面的另一间。

索恩告诉摩根，他只剩下 120 万美元了。如果现在借不到钱，他就无法坚持到下午 3 点的营业结束时间。索恩前脚刚离开，斯特朗和戴维森就双双出现在摩根的办公室。摩根用他标志性的声调对斯特朗说："你的团队里有谁可以为隔壁屋子里的先生们做一份报告吗？他们是不同信托公司的主席，但他们彼此之间根本不熟悉，还需要我来介绍他们认识。因此我不认为我们可以对他们期待太多。你呢，过来和我们三人坐下，告诉我们一切！"

斯特朗向三位先生汇报了美洲信托公司的主要问题，并向他们展示了当下情形的"全貌"，至少是基于当时极不完善的信息的基础上能给出的最全面的分析。摩根反复地问道："他们是有支付能力的吗？"显然，摩根并不想知道细节，他想要的是最后的事实和结果。据斯特朗的调查，美洲信托公司在当时拥有超过 1 亿美元的资产。

看起来，摩根对斯特朗的意见和结论感到满意。但是有两三笔的大额贷款，斯特朗觉得必须跟三位总指挥交代清楚。斯特朗告诉摩根，如果这些贷款能够到位，那么美洲信托公司是有偿还能力的。坏消息是，这家公司的盈余几乎已经被一抹而净，但是往好处想，它的资产并未大幅度受损，甚至丝毫未损。当然，如果清算的话，许多资产将要花费数年才能变现。摩根问斯特朗，他们是否应该帮助美洲信托公司渡过难关，斯特朗说："我认为这是最好的选择。"

斯特朗的汇报结束之后，摩根向贝克、斯蒂尔曼说道："那么，这里就是我们解决所有问题的地方。"在长达 45 分钟的时间里，摩根说话的次数不超过 6 次。然后，摩根向身边的人说道："你可以解散会议了，把索恩先生叫进来。"过了一会儿，大门敞开，只见美洲信托公司的柜员们排着长队，捧着装着担保物的盒子和袋子走了进来。到下午两点一刻，索恩的现金只剩下 18 万美元了。

摩根说话总是寸言寸金，却有着过人的决断力。1895 年，在联邦政府耗尽黄金，财政部面临国债违约的危急时刻，摩根建议总统与一支由他率领的国际银行家团队合作。谈判中最关键的部分集中在黄金外流问题上。总统问摩根能否保证这些黄金不会被运往国外，摩根没有跟伦敦的银行家商量，甚至没有和在座的任何人商量，就点头回答说："我能。"而他的确也做到了。后来，总统问摩根是怎么知道自己能够"指挥那次涉及欧洲巨大金融利益的合作"，摩根答道："我只是告诉他们，这对于维护国家信用和促进工业的稳定是有必要的，所以他们就照办了。"

摩根总是要求对事情有全部的控制权，而且从不加以解释。在同行眼中，他是个傲慢固执、损人利己的金融家，而且他总是能有效地驾驭市场。他掌握的专业知识、他获得资本的方法及那些为他赢得了世界主要金融家信任的行动，令任何人都望尘莫及，但也同样遭人诟病。

贝克和斯蒂尔曼离开之后，斯特朗与摩根在一张大桌旁坐下继续讨论。索恩与他的柜员们一起把担保物凑到一块儿，以换取对美洲信托公司的第一笔贷款。摩根面前放了一个本子，一旦抵押物达到标准，他就向斯蒂尔曼发出指令。斯蒂尔曼再给国民城市银行打电话，让他们按照预定的数额发放现金。这个过程持续到将近下午 3 点，大约 300 万美元被发放到美洲信托公司。而作为担保物的证券则放在麻袋里面，直接发送到地下金库。

斯特朗继续留下来鉴定美洲信托公司的资产，一直持续到深夜。在整个危机期间，向摩根提供最重要信息的人物恰恰是一个他刚刚认识的人。

## 安然渡过暴风眼

下午 3 点，美洲信托公司成功应对了华尔街历史上最壮观的挤兑。那些拥挤的场面无须赘述。

美洲信托公司在暴风眼中毫发无伤，有内在的和外在的双重原因。受到周二挤兑事件的警告之后，美洲信托储备了 1200 万美元现金，再加上摩根领衔的银行家们的救助，得以在挤兑面前顽强地活了下来。用于救援美洲信托公司的具体金额并未公布，金融界人士普遍认为总额至少为 1500 万美元。据说，美洲信托已经向挤兑者支付了超过 1300 万美元。

各大银行代表美洲信托公司所做的预付款通过国民城市银行进行处理。这些垫款由美洲信托公司提供的抵押品做担保。除此之外，至少有价值 1200 万美元的美洲信托公司所持证券在深夜之前通过了审核，一旦需要，其他金融机构可以接受这些证券作为抵押品，向美洲信托公司提供现金支持。

摩根主持的信托公司会议讨论了整整一天。会议即将结束时，他们宣布任命了一个由五家信托公司主席组成的委员会，其作用类似于银行的结算行，负责向陷入困境的信托公司施以援手。该委员会发出的声明如下：

1907 年 10 月 23 日，信托公司主席参与的会议在摩根公司位于华尔街 23 号的办公室举行。

在讨论了当下情形之后，会议决定任命一个五人委员会，类似于银行结算行的委员会，信托公司的援助申请可以向他们提交。该委员会应当有权力向各家的信托公司索要信息，并向主席们不定期或定期汇报。委员会根据申请，给出对未来行动的建议。

公认的是，斯蒂尔曼先生和摩根先生将会积极参与委员会事务。

这些人推选出的委员会，代表着纽约市信托公司最强大的意志和金融实力。约翰·洛克菲勒也没有置身事外，他向纽约市的金融机构借出大笔资金。他说："我认为投资者现在的疑神疑鬼是不合理的，我希望美国人民的良好尝试能够控制局面。就个人来说，我对于我们证券的未来价值及整个事态都有绝对的信心。"他还说："相比从银行中取出我的钱来说，我更愿意与他人一同协作，相信这场危机只是暂时的。所有对这个国家抱有爱国之心的人，都应当在此时伸出援手来重建公众信心。我计划用我的一切资源来救援。"

下午早些时候，摩根和他的搭档们分批和银行家、铁路公司主席、信托公司总裁、国际银行家们进行会晤。当哈里曼离开摩根办公室时，有记者问他是否有话说，他回答说："这是行动的时候，而不是说话的时候。"据报道，他拿出个人资源筹集大笔资金，用以支持摩根想要采取的任何救援措施。

科特柳对媒体表示，他将在午夜时分公布财政部对此次危机的行动计划。据说，纽约的银行家都不愿意蹚这趟浑水，纽约银行界正处于一年中资金最为匮乏的时刻。媒体的说法是"资本匮乏与信心丧失结伴而行"。在银行界看来，摩根的"资金池子"不过是杯水车薪，根本抵挡不住如脱缰野马一般的挤兑狂潮。

# 午夜拜访

午夜 12 点半，摩根的秘书赶到曼哈顿酒店，为摩根预定了一个房间。几分钟后，摩根和斯蒂尔曼进入酒店。20 多位在此守候的记者问摩根先生是否有话要说。"会有的，"摩根说，"但我现在无可奉告。"随即他和斯蒂尔曼进入电梯。

　　几分钟之后，珀金斯匆匆赶到。他们三人都是从美洲信托公司的会议中直接过来的。科特柳已经在楼上等候他们多时了。斯蒂尔曼的副手，国民城市银行副行长弗兰克·范德利普（Frank Vanderlip）晚到了一会儿，他代表摩根组建的银行家委员会，也就是救市总指挥部，对记者们做了如下声明：

　　纽约市信托公司的联合行动方案已经通过，它们将会与美洲信托公司并肩作战。美洲信托公司的资产已经通过审查，一切向好。今天发生的挤兑事件是不合理的，所有的信托公司都将站到一起，把所有的钱都投入到需要之处。

　　科特柳部长将会看到所有需要用于支援的款项都会悉数到位。美洲信托公司内部没有辞职现象，管理层也不会变更。

　　10月24日凌晨1点，科特柳如约发表声明，向公众说明了他的行动计划：

　　我已经向一些今天找过我的人们说过同样的话。在现在的情况下，任何向公众的发言都必须完全坦诚，储户及其他关心银行业的人们的所有信心全都基于这一点。那些对事实有所了解的人们应该明白，事态发展到这一步，很大程度上是因为那些毫无根据的传闻，以及很多只顾眼前利益的人们没有道理的焦虑和恐慌。

　　平稳地度过这样的一天，这样毫无必要的刺激的一天，这就是那些把重塑公众信心的困难任务作为己任的人们的强大和担当的最佳证据。脆弱所在之处，必有强人之援助。代表财务部，我必须说，尽最大可能，用一切方法重塑公众信心，就是我的职责所在。

如果纽约的媒体能够继续配合，如果公众能够体会到我们银行机构的真正实力，届时，一切的信心将得以迅速恢复。

如财务部的记录所证明的那样，我已经向纽约注入2500万美元。

声明之后，科特柳继续说，只有最好的抵押物才会被接受为贷款抵押。未来数日，他会亲自驻扎纽约。至于国民银行，科特柳表示所有的国民银行都处在一个非常稳固的状态，而且许多家国民银行手握的现金已经是法定现金储备的2倍之多。

紧接着，美洲信托公司从其位于第五大道的办公室传出消息。总裁索恩宣布，美洲信托明天将正常开门营业。

第五章

# 10 月 24 日星期四:
# 摩根第一次救市

## 这么多、这么多、这么多

新的一天，新的焦虑。

受早上科特柳披露的利好消息——2500万美元政府资金将要存入纽约市各大银行——的刺激，股市以 0.5 ～ 1.0 百分点的涨幅高开。即便如此，不安的情绪依然弥漫在纽约证券交易所，并且比前两周中的任何一天都要强烈。连日以来的担忧和持续绷紧的神经让交易员们显得憔悴疲惫、神色不安。在过去的三天里，摩根一边指挥救助信托公司，一边命令各大机构护盘托市。他们的努力总算是稳住了局势。但是，最糟糕的是，许多经纪公司仍然急需资金。在那个时代，所谓的资金就是现金。

很多品质一流的证券都出现在华尔街了，这极不寻常。很多年以来，这类证券一直都深锁豪门大院内，从来不会上市出售。过去几天，经纪公司的合伙人们带足了抵押物挨家挨户地寻求资金，但仍然筹集不到。今天，这种无米之炊能否维持下去，谁都没有把握。

大厅里的放贷机构也许已经嗅到了火药的味道，今天比昨天提前半小时开始放贷。贷出去的第一批总金额不到 100 万美元。虽然借款利率高达 50%，但仍然被借款人一抢而空。紧接着又放出一批贷款，500 万美元，利率仍然是 50%。再接下来就是一些零散的小额贷款，利率高达 80%。只有国民城市银行非常负责，按照其平常的贷款惯例，每笔贷款 5 万美元，利率为 6%，向借款人群发放了 250 万美元的贷款。但是这些努力淹没在饥渴的借款需求中。到 12 点 30 分之前，活期借款利率已经上涨到了 100%。各个银行也都提供了其他一些借贷资金，但只有区区几百万美元，零散分批地投入市场，简直是杯水车薪。

下午 1 点开始，放贷机构已经没有任何资金了。请求提供活期贷款的订单从四面八方飞传过来，但是交易所找不到一分钱作为流动资金。那些已经执行了交易指令的经纪人意识到，如果不能如期获得资金的话，自己就将会陷入进退两难的困境。

又过了半个小时，在联合太平洋铁路公司（Union Pacific Railroad Co.）的股价跌到面值和活期贷款利率上涨到 100% 的时候，纽约证券交易所总裁兰森·托马斯（Ransom Thomas）告诉摩根，除非资金马上到位，否则纽约证券交易所不得不提前关门停业。摩根说，提前关闭证券交易所是不能考虑的选项，那样做会彻底摧毁公众的信心。摩根立刻给纽约各主要商业银行的总裁们打电话。

忧惧不断地加剧。整个纽约证券交易所各类股票的价格普遍暴跌，多只股票已经一路连跌到面值附近。很多领跌股票的价格暴跌幅度也都高达 6%。有的股票从周一已经接连跌去近 20%。钢铁类和铜业类的股价跌幅稍缓。极度紧张的情绪笼罩着整个证券交易所的大厅，一场实实在在的崩盘即将到来。

下午 2 点，银行界的总裁们都聚集在摩根办公室听候他的指令。摩根说他需要 2500 万美元借给证券交易所，否则 50 家经纪公司就要关门。斯蒂尔曼答应说国民城市银行可以拿出 500 万美元。几分钟后，摩根就有了 2350 万美元。

距离收盘的时间越来越近，所有股票的价格似乎随时都准备跌穿谷底。在这千钧一发之际，摩根资金池的 2500 万美元前来救场了。下午2：30，这笔巨款运入了纽约证券交易所的交易大厅，并以 10% 的贷款利率进行放款。人们围到货币经纪人的周围疯狂地借入资金。贷款发放速度很快，似乎刚一记下借款人名字，一笔贷款就已经拨付出去了。市场立即获得了勇气，股票价格瞬间开始反弹。在剩下的半个小时里，股票的价格同开盘时的反弹水平相比微微有点回落，但是，市场最终没有丧失稳定性。10 天以来，整个交易大厅中，人们的心情还是第一次这么开心，这么兴高采烈。

在收盘之前，所有的经纪人全都借到了自己需要的资金。3 点钟收盘的钟声拉响之后，这个资金池还剩下 200 万美元的资金没有用完。货币经纪人在交易大厅里继续停留了将近 10 分钟，以 6% 的利率发售剩余资金。

今天市场的特征之一就是有大量的散手[①] 交易。这表明，小投资者大规模地入市，带来了大量的散手交易。来到经纪公司进行交易的现金客户多得惊人。毫无疑问，过去几天中人们从银行中提取出来的大量现金，现在正流入股市，用来购买股票和债券。

收市之后，摩根公司门口仍然不同寻常地人头攒动。纽约证券交易所的数十人提着一箱箱的质押担保物前来，以期从这个 2500 万美元的摩根资金池中获得一部分借款。

这一天混乱不堪的景象和摩根的力挽狂澜，在 1907 年 11 月 10 日《纽约时报》的一篇报道中得到细腻的描述和刻画。文章题为"约翰·皮尔庞特·摩根：一个人形银行"（John Pierpont Morgan: A Bank in Human Form），该文章占据半个版面的篇幅，配以华尔街 23 号摩根公司和摩根本人的标准照。在大标题下有两个副标题："漫画师笔下的金融巨擘：职业、天才及

---

① 手（lot）是股票批量交易的基本单位，包括一定整数数量的股票。比如，100 股股票构成一个整手。散手是指一次交易的股票数量不满一个整手，比如 38 股，即有零头。

功勋"，"依托长期的经历和出色的银行业系统，凭借娴熟的管理技能，成功地规避了一场恐慌"。文章的前四段是这样写的：

　　在金融恐慌最严重的一天，在位于华尔街和百老汇大街交叉路口一个拐角处那幢著名的办公大楼里（即华尔街23号，摩根公司所在地），一群金融家正聚集在大楼深处的一间办公室里开会。透过办公室巨大的侧面窗户向外张望，他们从这儿可能已经瞥见纽约证券交易所交易大厅里正在发生的一片慌乱景象：一群群经纪人惊恐万状地四处乱窜，来来去去地奔忙着。虽然各家经纪公司已经把借款的利率提高到了100%，但仍然借不到任何资金。同时，由于看不到可能得到救援的任何迹象，在这个交易所挂牌交易的所有股票都纷纷地持续暴跌，已经跌落到新的低谷。

　　在外面，各条大街上，到处都是大惊失色的人，有老有少，像羊群一样来回地奔跑着，忙乱无序地涌动着。他们在美洲信托公司门前停下来，张望着那些早已聚集在这里的人群。在这儿，挤兑的浪潮没有平息，还在继续。随后，恐慌的人群又急忙奔向谣传的下一个将会出现麻烦的场所。整个场面好像只有在华尔街完全丧失理智的时候才会出现。下一个将会受到挤兑的银行是谁？它究竟会不会在收盘前就会宣布停业？究竟会不会发生像1873年、1884年、1893年甚至更早的1857年那样的金融危机？谁能知道当前的这场金融危机究竟会有什么样的结局？

　　在位于街角的这幢大楼办公室里，一位"长老"（old man）正坐在窗边宽大的会议桌旁边。他说，有必要筹集一个2500万美元的现金池，而且必须立即行动。这个现金池的出资认购额将是这么多、这么

多、这么多……

于是，一位参会者把其中的几个人叫到了会议室外面，说了一小会儿话，又回到会议室，表示他们同意这个提议。于是，这个资金池就形成了，而且在股市收盘前，2500 万美元的"摩根资金"就涌入了纽约证券交易所，扭转了颓势，挽救了局面。至此，这场会议暂时休会，转到麦迪逊大道一座豪华大楼里的摩根图书馆中继续开会，磋商将如何根据情况的需要采取进一步的救援行动。拯救行动一直继续，直到最后闯过危险关头为止。

一天两个 2500 万美元，一笔来自政府，一笔来自民间；一个刺激了开盘的乐观，一个拯救了收盘的绝望。在纽约证券交易所上演一场绝地反击的时候，美洲信托却遇到了比预期更为严重的挤兑。

## 抵挡住了第二次冲击

平民百姓是大恐慌的推动者。他们营造了恐慌，传播了恐慌，把恐慌的雪球越滚越大，直到形成金融风暴，但他们也是恐慌的受害者。

美洲信托公司10月24日偿付的第一个储户是家住布鲁克林区的一位先生。星期三晚上6点，他就到美洲信托公司营业大厅门前来排队了。当时，营业大厅的大门仍然敞开着，但是已经不营业了。他独自一个人在那儿呆呆地站了整整1个小时，随后又来了两个人。这三个人在门廊里排成一行。为了万无一失地在第二天早上10点取到自己的存款，他们在这里整整等了15个小时。

早晨 6 点到 8 点，排队的人群迅速扩大到大约 150 人。队伍从美洲信托公司主营业大厅的门口一直延伸到威廉大街的拐角处。一名男子在这个大街的拐角处加入了这个队伍，时间是早上 7 点 45 分。整整等到下午

3 点零 1 分，他才排到付款窗口，把自己手中的支票递交给了坐在柜台里面的出纳员。这个男人拿到了自己的钱后就离开了。他是今天最后一名取到存款的储户。而那些在早晨 8 点之后来排队的人，全都没能排到出纳员的窗口。

有的人早早排队是来银行取钱的，有的人早早排队是从别人那里赚钱的。队伍里有一些人看上去不像是真正的储户，大部分是小伙子。他们排队的目的很快就显而易见了。排到靠近营业门口的一些小伙子出价 5 美元出卖自己的位置，而那些离营业门口较远的人的出价是 3 美元。

让人意外的是，开门之后，美洲信托竟然收到几笔存款，据说都是一些"大额存款"。到 11 点左右，储户累计从美洲信托公司支取了 100 万美元。但是，据说几笔刚到的存款比储户们提走的总额还要多。存款柜台前的收款员整整一天都坐在自己的柜台里忙活。而在昨天，这个位置上一直都没有人。

在美洲信托公司开门营业之时，位于街道对面的财政部国库纽约分部运送来了总额为 100 万美元的金币，出纳员就使用这些金币和小额钞票向储户们支付取款。拿到一大堆沉甸甸的金币，而不是一沓沓轻便的钞票纸币，让储户们深感意外。一个男子递进去的是一张大额支票，而出纳员兑付给他的全部都是金币，在柜台上堆成好大的一堆。男子没有时间在柜台前清点这些金币，只好全都拂到自己的帽子里，然后捧着帽子到旁边的一个书写台上去数。没想到帽子装得太满，从出纳柜台走向书写台的时候，一枚金币掉落到地板上。男子有点发愣，不知道是把装满金币的帽子放在地上，去追赶那一枚金光闪闪的硬币，还是捧着满满的一帽子金币，走向书写台。正当他不知如何是好的时候，一位警察走了过来，捡起了那枚金光闪闪的金币放到他的帽子里。

一天之中，兑换成现钞的大额支票似乎还有不少。有 20 多个男人都是用双臂抱着满满一怀的钞票离开出纳柜台的。但是，绝大多数的钞票都是小面额的钞票，虽然在几乎每一沓的现钞中全都夹杂着一些黄色纸钞①。

整整一天，索恩都忙得不可开交。忙归忙，他似乎很高兴。公司中其余的管理者似也都和他一样。一位高管在媒体面前惊喜地喊道："公司现在有足够的现金，就算储户的队伍再长一倍，我们也应付得了。"

昨天的挤兑，美洲信托公司动用了自己将近 1100 万美元的结存现金。今天的提款总额，大约在 800 万～ 900 万美元。其中数百万美元的资金缺口由美洲信托公司自有的基金和银团转给美洲信托公司的应急资金填补。当天，美洲信托公司也收到了巨额的存款，上午有一笔存款资金超过了 100 万美元。早上，还有一位商人力挺美洲信托说：今天，他将接受按120% 的货值、针对美洲信托公司开出的支票来供货。

在营业时间快要结束的时候，美洲信托公司的官员们对公司当前的财力情况表示相当满意。他们说，虽然他们一直都希望储户们能表现出更大的勇气，但是，即便提款热潮还要再持续下去，也没有什么值得担忧的。一位高管感叹说："哎，我们终于又熬过了一天，真是谢天谢地！"

营业结束之后，在摩根的家庭书房里，摩根的救市团队一直在和索恩开会。会议持续到次日凌晨 1 点钟。银行家们在散会时说，这只是一次非正式的闲谈，没有任何可以发表的声明。很多参会的人都表达出同样的见解：恐慌焦虑的情绪已经明显地开始落潮消退。

哈里曼是在夜晚 11 点 30 分走出会场的。他直接钻进了自己的小汽车，丝毫没有停顿并且拒绝接受任何人的采访，但是，当有人问，除了银行业相关的话题以外，在会议期间是不是还考虑了其他方面的问题时，他回答说："是的，有。噢，没有。"

---

① 当时美国钞票有背面是绿色的纸币和背面是黄色的纸币，黄色纸币是一种可兑换黄金的债券。

# 科特柳的一天

财政部长科特柳全天坐镇财政部国库纽约分部，忙得不亦乐乎：一批一批地接待银行界知名人士和几家大型金融机构的总裁，一趟一趟地查验各家银行为申请 2500 万美元政府存款而提交的各种质押担保。到了下午时分，科特柳说他对当前的这种情况感到很满意。

"情况看起来似乎很好。"他说："我要在这里多待一会儿。但是，到底要在这里多待多久，我也说不准。不过，无论怎么着，今天晚上，我都得在纽约市过夜了。有报道说，我们现在缺少小面额的钞票。这样的说法纯粹是无稽之谈。在这 2500 万美元的政府存款中，小面额的钞票就占到 1000 万美元。"他解释说，这 1000 万美元的小额货币，包括小面额的纸币、银币和铜币，昨天从华盛顿的财政部国库运出之后，已经于今天凌晨运抵纽约。今天晚些时候，华盛顿还将再运送 100 万美元的小面额钞票来支持纽约。

纽约分部的场景和昨天一模一样：清晨，数十辆各种各样的车辆停在附近。从财政部国库纽约分部地窖里提取出来的成袋成箱的黄金和成捆成包的绿色美元钞票，装进车之后送往城市中的各家银行。这些银行为了获得政府存款而提交的质押担保事先已经获得了科特柳的批准。科特柳批准的最大一笔提款发生在中午时分。当时，价值 100 万美元的黄金从财政部国库纽约分部的金库地窖中提出，穿过大街，转移到位于财政部国库纽约分部斜对面的美洲信托公司。

科特柳的临时办公室外面的走廊里，挤满了银行界人士。一位银行官员拜访完科特柳之后说："我们这个国家从来都没有像现在这样繁荣昌盛，商业兴隆。现在，绝对没有任何理由值得我们惊慌失措。现在发生的事情和 1893 年的危机一点儿也不一样。在那个时候，制造商和其他工商企业界的人，他们的工厂都抵押出去了。今天的形势则完全不同。制造商们都还完全地拥有自己的工厂，他们只是在贴现自己的票据。不用担心美国会出现经济大萧条。我相信纽约市当前的危难很快会整治好。当一切恐慌都烟消云散，就会再次出现晴天。"

当天，还有更多本州筹集到的资金也运送到了纽约市，以增强各家银行的财务实力。下午银行关门停业之时，整个纽约市里，所有银行的存款金额大约达到了 1200 万美元。

在银行结束营业之时，科特柳向纽约市各家银行注入的 2500 万美元政府存款并没有被银行全部提走。直到天色已黑，科特柳才离开财政部国库纽约分部。对他来说，一天的精彩才刚刚开始。他要去一个学院的毕业生俱乐部发表讲话，给市场打打气。开场的时候，他顺便吐槽了一下过去48 小时在纽约分部吵闹开会的经历："到了这个城市以后，在过去的这 48小时里，我老是想起在我的华盛顿办公室里发生过的一次事件。有一次，刚过中午，就有一帮人来到我的办公室讨论事情，一直待到了下午很晚的时候。他们一直都在不停地详细讨论着他们的事情，而且大吵大嚷，啰里啰唆，没完没了。我听到我的秘书说：那些人说了这么长时间，我的嗓子都快喊哑了。我曾经在市中心的那个日夜银行担任过局长——那个日夜银行也就是我们现在通常所说的美国国库纽约分部——在那时，我就听到过很多这样的谈话。但是，在过去这两三天中的一些经历却让人感慨良多。"说到这儿，科特柳一改诙谐的腔调，缓缓地说道："在这个城市，商业机构的稳健程度给我的印象很深，但是，这个城市中的商界精英致力于公共利益的超凡胆略和崇高的奉献精神更令我深受感触。"

学院官员们站在室内，围成一圈，专心致志地听着科特柳的讲话。当财政部长称赞华尔街金融家们的时候，房间里爆发出一阵阵的喝彩声。在演讲的结尾，科特柳说："我坚信，我们的努力不会劳而无功。我们的决心有多么坚定，人们信心的恢复就会有多么迅速。"

在科特柳后面发言的一位将军回应道："一没有吹牛说大话，二没有吹胡子瞪眼睛，更没有半句废话，他让正直诚实的纽约人民感受到了联邦政府的强大力量。真没想到我们的这位财政部长竟有如此高超强大的政治能力。他在过去三天中的所作所为，他在过去三天中对国家的贡献，将永远是他值得自豪的事情。"

结束了俱乐部之行，科特柳回到下榻的曼哈顿酒店，已是午夜时分。科特柳特意来到酒店门前，向等候已久的记者们道晚安。他的声明很简单："情况已经有很大的改善。今晚，我没有必要再发表任何声明了。"他接着开玩笑说，他不知道银行家们今夜是不是还要再召开一场会议。他猜测，在自己上床休息之前，可能还会有金融界的朋友来找他。

不辞辛劳的记者们问道，政府 2500 万美元的银行放款不愿意接受金融证券作为质押担保的做法是否妥当，科特柳说，美国财政部一向都很审慎。在两个月之前，在向各家银行提供借贷资金时，美国政府就拒绝接受很多种类的金融证券作为贷款的质押担保。现在，还将维持这种严谨的做法。还有记者问，除了从财政部获得的资金之外，各家银行还动用了自有的储备资金，用于偿付储户们的挤兑。财政部长回应说：各家银行绝对不会把自己手中的资金全部都用到这个用途上。他认为，这些银行已经动用的自有资金的总额不会超过 2000 万美元。

《纽约时报》的编辑们正在撰写明天头版的标题：

· 势如潮水奔腾入海，数百万美元资金涌灌银行、信托公司和证券交易所，还有什么需求不能得到解决

· 求仁得仁，如愿以偿，美国财政部长科特柳甚慰，金融局势急剧转好，喜极竟不能语，何需发布正式公告

· 各大股票的价格强劲反弹，迅即纷纷冲高！

· 美洲信托公司各营业厅的大门久开不闭，来者不拒，照单全付，

不再惧怕储户挤兑

· 美国政府深挖渠道，开闸放水，向纽约市所有的银行注资！

· 银行家携手并进，共克时艰，形成一个实力雄厚的援助银团，向美洲信托公司的金库注资！

· 摩根公司设立一个2500万美元的资金池，向纽约证券交易所注资！

· 昨天，高达数百万美元的三股现金奔涌而出，同时发威

第六章

# 10月25日星期五:
# 摩根第二次救市

## 巴黎的投资人

大西洋彼岸的法国，巴黎证券交易所的信心明显恢复。交易所大厅里，人们对科特柳和摩根团队雷厉风行的救市行动交口称赞。一位法国银行界人士这样说道：

"我们一直认为你们美国富豪们是追逐利益的典范。他们这次的精彩表演——大放水，低息地贷出巨额的资金——这样的大手笔真是让人大开眼界。我们现在可真是见识到了以前从来都没有听说过的事情。对于重振法国市场，对于美国股票的信心，他们的行动可能比华盛顿传出的任何信息都更加顶用、更加奏效。"

美国股市连续十天的大幅跳水吸引了欧洲投资者前来抄底。帕德雷·波尼亚托夫斯基王子（Padre Poniatowsky）打理着好几家美国著名金融商号的法国业务。他对《纽约时报》的记者说："法国的银行家们已经有很多年都没有购买过美国的证券了。但是现在，情况不同了。他们已经开始购买美国的证券。好几张金额相当大的买进订单今天已经发往美国。……他们现在愿意出手，充分证明他们认为最糟糕的时期已经过去了，价格肯定很快就会开始回升。"

在这次金融危机中，欧洲各个证券交易所的表现都相当稳定。之所以能免受美国金融动荡之苦，他认为原因在于今年进入欧洲的美国票据明显少于往年。去年这个时候，进入欧洲的美国票据总额大约是 3.5 亿美元。而现在，他认为这个数字不会超过 1 亿美元。在他看来，这种差异有可能是造成美国金融恐慌的原因之一。这个事实的另一面是，美国金融恐慌得以限制在局部地区而没有外溢到欧洲。这也意味着美国的证券存量将不得不由欧洲人掏钱购买，而用于购买证券的硬通货只能是黄金。到年底之前，他预计欧洲向纽约输送的黄金将会超过 2 亿美元。"凡是观察过美国市场的人都知道，"他说，"在资金紧缺、金融危机之时，即使是一点点的黄金也会产生巨大的刺激效应。"

## 科特柳继续坐镇纽约国库

经过昨天环环相扣的紧张忙碌之后，上午 10 点钟，财政部长科特柳再次来到财政部国库纽约分部，好几家银行的代表正在等着他。和昨天的情形一样，他们要把申请获得政府存款的质押担保凭证移交给他。在大部分时间里，科特柳都在处理这些事情，还有就是同几位银行家们开会议事。

"财政部国库纽约分部，无处不透露着一股满怀希望的气息。这从财政部长科特柳本人，以及当天同他会谈的很多银行家的言谈举止和面部表情中都能看得出。所有的人似乎都确信，这场金融危机已经过去。"《纽约时报》的文字中流露出一种乐观的情绪。但与此同时，有几家小型银行宣布停止营业。一位结算委员会成员解释说："这些规模较小的银行的暂时停业将不会引起什么大的动荡，不会搅得人心浮动。既然这些小银行手头上没有多少现金，要挺过一场挤兑浪潮，最好的办法就是暂时停业。这些小银行的偿付能力还是相当不错的，一旦当前市场的歇斯底里退潮，它们很快就能够恢复业务。"

科特柳也注意到了几家小型银行的暂停营业，他的态度和结算行完全一致，不仅不认为这是金融形势更加严峻的标志，反而认为是银行业主动采取的一项预防性措施。他以一家银行为例解释说，这家银行是几家信托公司的结算代理行，假如继续营业，就会在纽约分部出现巨额的借方余额。公众现在的心态好像惊弓之鸟。如果他们看到这样惊人的数字，脆弱的神经不知道又要引发什么样的麻烦。所以，这个银行的暂停营业实质上是对储户们的一种保护。

纽约市的所有储蓄机构都决定动用一项规则：银行可以要求储户提前60 天通知储蓄机构才能提取存款，但对于提取不超过 100 美元的储户将不必执行这项规定。这样做的目的就是要保护这些银行在免遭大额客户大批量提款的同时，还能继续及时地保障小额储户的需要。小型银行暂时停业和储蓄机构实行取款提前通知制，这两项行动都对缓解资金紧缺发挥了作用。

小额货币仍然是一个麻烦。星期三和星期四两天，从华盛顿财政部国库运送过来的 1100 万美元小额货币到现在几乎用光了。要求再额外拨付几百万美元小面额货币的申请已经送往华盛顿。科特柳说："对于是不是有足够的小面额货币来满足这个城市的银行需求，我们大可不必感到不安，从纽约到华盛顿只有 5 个小时的路程。华盛顿国库那里储存有足够的小面额货币，从 100 美元一直到 1 美元的各种面值的货币全都有，足够偿付这儿几十家银行的每一位储户。"

坐镇纽约分部两天，科特柳欣喜地发现，2500 万美元政府资金并没有全部被银行提走。纽约分部发布的一份报表显示，在本周期间，纽约市各家银行已经从纽约分部获得了 2270.5 万美元。纽约分部在星期三和星期四两天的业务报表如表 1 所示。

表 1　美国国库纽约分部 10 月 23 日—24 日业务报表　单位：美元

| 项目 | 10 月 23 日 | 10 月 24 日 |
|---|---|---|
| 已收到的现金 | 7,039,000 | 16,758,000 |
| 已拨付的现金 | 10,414,000 | 22,783,000 |
| 现金净亏损 | 5,193,000 | 15,482,000 |
| 财政部拨发的货币 | 214,800 | 9,912,000 |
| 上交财政部的货币 | 2,148,000 | 422,000 |
| 发出的存款单 | 449,000 | 419,000 |
| 赎回的存款单 | 383,000 | 452,000 |
| 其他存款支付额 | 244,000 | 275,000 |
| 养老金支付额 | 194,000 | 285,000 |
| 自星期五以来的现金净亏损 | 7,223,000 | 22,705,000 |

来源：《纽约时报》1907 年 10 月 26 日的报道《银行家气定神闲　愁云惨雾散去》（Bankers Calm, Sky Clearing）。

　　纽约分部的黄金大搬家场景依旧繁忙：每过几分钟，都会有各家银行的押款员及其他代表人员，背着、扛着或是提着装满黄金的沉重箱子、盒子、袋子，蹒跚地离开纽约分部大楼。纽约分部一次性提走了 50 万美元的黄金，运送到大街对面的美洲信托公司。这个金额是昨天的一半。总的来说，今天搬运的规模要比昨天小了一些。科特柳感慨地说："今天的情况看上去好多了！"

　　先同珀金斯面谈，又和摩根电话沟通之后，科特柳的脸上露出了高兴的表情。他对记者们说："现在，我只能再说一遍我以前已经说过的观点。那就是，事情正在稳步地转好，正在稳步地改善。"

　　摩根的办公室不像前几天那样繁忙。珀金斯一整天都同财政部长科特柳保持联系。摩根通过他随时了解美国政府资金的拨转进展，同时密切关注华尔街的动向。中午时分，摩根刚一离开办公室就对记者说，假如人们能够把存款继续留在银行里，而不是锁在家里、退出流通，那么，一切都会很容易解决了。

# 摩根第二次救市

新的一天，焦虑依旧。

整个上午，纽约证券交易所的股价一直起伏不定。昨天摩根资金池的2500万美元经过续贷，展期到星期日（大部分都按20%的利率进行展期续贷）之后，市场再次陷入资金完全枯竭的状态。经纪公司担心下午资金短缺，提前以高达70%的利率争抢着借入资金。这种窘迫现实的另一面是：媒体披露的信息是，财政部在过去几天里注入银行的政府存款没有一分钱流入投机渠道。

下午两点半左右，摩根第二次出手。他发起的资金池又给纽约证券交易所运来了1000万美元的救助资金。这笔资金按50%的利率放贷，很快就被经纪公司一抢而空。市场在收盘的时候已经陷入一片混乱。这1000万美元中，大约有600万美元是在市场交易期间贷出去的，其余的则在收盘之后。

除了摩根资金池以外，还有其他的一些大笔活期贷款也投入了纽约证券交易所。但是，其总和不及摩根资金池的规模。例如，第一国民银行也作为直接贷款人出现在纽约证券交易所，提供了大约200万美元的贷款。库恩洛布公司也提供了大约50万美元的贷款，每笔贷款只有5万美元。几乎所有资金的贷款利率都是50%。

今天的成交量远小于昨天。星期四的成交量逼近100万股，而今天，总成交量只有63.7万股，远远低于正常的交易水平。原因是，纽约证券交易所要求所有交易都应当仅限于真正投资型的交易，经纪公司不得采用保证金交易的方式购买任何股票。这个建议得到了经纪公司的普遍响应。很多经纪公司昨天就已经向代理经纪人发出电报，告诉他们只接受使用现金购买股票的订单。事后的结果表明这种做法相当明智。

至于摩根资金池为什么迟迟没有入场，直到快收盘的时候才运送到纽约证券交易所，人们猜测这是摩根的精心安排，意在抑制市场的投机性交易。一般来说，经纪公司如果对于自己能否获得资金没有确实的把握，他们就不敢轻易入市。据市场收盘后的报道，在最近的数年来，纽约证券交易所中的股票投机活动从来都没有像今天这样得到了如此明显的抑制。因此，就抑制投机性交易而言，摩根资金池延缓入市的行动是成功的。

在这一天中，最能提振士气的是金额巨大的境外订单纷纷涌进纽约市各家银行，其中多数是购买优质股票的订单。这些购买行为显然都是来抄底的。有一家银行甚至接到了 50 多份这样的买入订单，而只接到 3 份卖出订单。

收盘的时候，几乎所有股票的价格都出现大幅上涨。终结混乱局势的因素有几方面：资金池的到来缓解了资金紧缺的噩梦，进口黄金的消息安抚了人们内心的焦虑，经纪公司取消保证金交易的做法，减少了市场的波动性。

一个被人们忽略的最新动向是纽约金属交易所中铜产品价格出现上涨，这是很多个月以来首次出现的情况。同时据报告，这种金属的销售量也在增加，意味着这个领域的形势正在逐渐改善。

和昨天相比，第二次救市的规模和力度都明显减小，但市场在收盘时的表现却令人宽慰。所有的股票都出现普涨的势头，对于稳定市场是一针强心剂。就在科特柳审核一家家银行抵押品的质量的时候，就在摩根团队继续砸钱救市的时候，索恩依旧在挤兑的围剿中难以脱身。

## 美洲信托依然深陷挤兑

病来如山倒，病去如抽丝。恐慌也是如此，来的时候呼啸而来，去的时候难分难舍。尽管各方都做出了保证，但是美洲信托公司及其子公司殖民信托公司（Colonial Trust Company）的许多储户仍然对他们的存款放心不下。整整一天之中，这两家金融机构的营业大厅门前都有男男女女在排队等待提款，面带恐慌。好在门口的队伍比前一天要短得多，也远远没有星期三那么壮观。

第一批来排队的妇女在早上 7 点钟就到了。早上 9 点钟，队伍大约有 100 人。上午 10 点钟，营业大厅开门营业，前面 25 人准许进入营业大厅，其中有许多人都是押款员。押款员需要结付的支票很多，人们要等待很长的时间。

到营业结束、出纳员关上付款柜台窗口时，营业大厅里大约还有 10 多个人没能办理业务。营业大厅外面，还有 30 多个人在排队等待。支付的进度之所以如此缓慢，美洲信托公司的官员们出面解释说：有些取款人是企业的财务人员。这些企业要在星期五和星期六发工资。他们提交的是工资支票，有些钱款要求使用指定票额的票据支付，而有些钱款则要求使用某些指定面额的纸币支付。这就需要花费更多的时间来满足种种复杂的要求。

在开门营业半小时左右后，华尔街就把援助资金送到了殖民信托公司。据说，送来的这批资金总额为 12.5 万美元，假如有需要的话，还会送来更多的资金。不过，据索恩先生说，已经不再需要更多的资金了。

营业结束之后，索恩告诉《纽约时报》记者，在这一天中，公司支付了大约 200 万美元。其中只有 14.7 万美元是用现金支付的，其余的都是交换的保兑支票。

有记者问："你们在星期四付出去了多少钱呢？"

"大约有 910 万美元吧！"

"今天，您从其他的金融机构得到了什么样的援助呢？"

"嗯，我能得到的外部援助资金都已经得到了。"索恩微笑着回答道，一边说着，一边急匆匆地离开了。一位美洲信托公司的董事紧接着说道：
"我们已经挺过去三天了，明天，我们还会挺住。"

关于今天向美洲信托公司提供援助的金额，各种各样的说法都不一样。但是，一个比较权威的说法是，联合信托公司（Union Trust Company）已经通过纽约分部向这家信托公司移交了 430 万美元的资金，这些援助资金在当天凌晨就已经装入很多大袋子里，早早地运到了美洲信托公司的办公大楼里。有一个装运这些现款的袋子太重了，需要 4 个人才能抬得起来。据说，这个袋子里面装着 30 万美元的黄金。

在一天中，美洲信托公司做出一切努力把手中持有的贷款担保进行变现。美洲信托公司的客户们都接到了通知，提前还贷将被当成是对美洲信托公司的帮忙。这个做法的确奏效。当天就有几家客户偿还了贷款。

在美洲信托公司 8 月 27 日发布的财务报表中，抵押贷款总额是 4253 万美元，活期存款金额为 4221 万美元。据保守估计，自挤兑开始以来，美洲信托公司向储户们兑付的总额为 2300 万美元。因此，美洲信托公司最多有大约 1900 万美元的活期存款尚需支付。而美洲信托的资产端包括至少 4253 万美元的抵押贷款。只要半数以上的贷款没有违约风险，美洲信托的储户就不必担心资产的安全，也就完全没必要挤兑。这两组数字的对比让人们相信美洲信托公司不会重蹈纽约人信托公司的覆辙。

一个好消息是，美洲信托公司今天继续吸纳了好几笔存款。公司管理人员透露，一名男子开设了一个新账户，存入了 2.5 万美元。还有一个人，据说是索恩的私交，通过索恩存入了 100 万美元。有人看到索恩将一大包钞票亲手递交给柜台收款员，却拒绝透露储户究竟是谁。美洲信托公司在当日营业结算后声称，存款的总额是 150 万美元。

索恩一整天都在忙着发表讲话。有一次，他大声说道："进展很顺利，令人满意，但是也很辛苦，很费劲。"在公司的官员们看来，这句话似乎就是对这一天总体情况的总结。

　　针对美洲信托公司的挤兑并没有结束。在随后的两个星期中，美洲信托公司一直在挤兑的压力下挣扎求生。

## 一次日期不详的救助行动

　　本文译自1924年本杰明·斯特朗致托马斯·雷蒙特(Thomas Lamont)的一封长达22页的信件，略有编辑。信中描述了摩根团队救助美洲信托公司的前后经过：当晚，美洲信托已经没有现金了。摩根要求在座的银行家提供1000万美元的救助资金，并且在第二天上午10点营业之前准备就绪。信件中没有说明日期，从文中推测，应该是在针对信托公司的挤兑爆发之后和科特柳抵达纽约之前。依据是斯特朗在信中提到"最早，我被要求对美洲信托公司开展调查"及"摩根先生还告知大家，时任美国财政部长科特柳先生将抵达纽约"。虽然无法准确判断这次救助行动的时间，但是有一些传记作者认为是在纽约人信托公司停止营业的当天晚上。我们也倾向于此。

　　我们将这个日期不详却充满细节的故事呈现出来，不仅是因为它的跌宕起伏、置之死地而后生的圆满结局，还因为它谈到了摩根的救市哲学：没有人能事先知道哪家公司应该破产、哪家公司应该被救助，股权的价值将取决于公司是否能够继续运作下去。

晚上9点左右，斯特朗在联合信托公司向摩根和几位总指挥做汇报。他晚到了一会儿，戴维森和珀金斯已经在等他了。他们在地下的保险金库聊了聊斯特朗当天的工作。斯特朗的判断是，扣除债务之后，美洲信托公司的股权大概还值200万美元。戴维森非常坚定地认为，任何结论都应当包含所有必要的假设条件，以防止对抵押金额有所误判。珀金斯坚持说他需要知道这家公司是否值得被救援。斯特朗直白地回答说，对于这个问题几乎没有人可以回答，除非我们一开始就知道这家公司是要被清算还是被救援。斯特朗告诉他，如果美洲信托公司是由能力很强的人在做清算处理，那么他对于每一位债权人能够被全额支付是有信心的，也相信股东们有可以保全的资产。但是，如果恐慌持续下去，公众的信心挫败等问题将会导致价值折损，那么股权可能一文不值。斯特朗的想法与摩根完全一致：只有公司能够继续运作下去，股权才有价值。

戴维森悄悄告诉斯特朗说，一会儿在时机合适的时候，一定要故意与贝克先生"交谈"一下，贝克先生已经被安排好了坐在时任纽约银行家信托公司主席埃德蒙·康沃斯（Edmund Converse）①先生的旁边。

他们来到楼上的一间小会议室，屋子几乎被一张巨大的桌子填满了，摩根邀请斯特朗坐到他的身后，斯特朗简短地汇报了他的调查结果、对局势的看法、清算的价值及如何才能避免这些价值消失。摩根几乎一言不发，但是频频点头。

会议室里紧张的氛围是显而易见的，几乎所有人都不太情愿轻易表态。摩根发表了极其简短的声明，所述内容基本来自戴维森和斯特朗的调查结论。最后，摩根对信托公司的总裁们说大概需要1000万美元的贷款，而且必须在次日上午10点之前就筹备好。摩根还宽慰大家说，科特柳将抵达纽约，会将一些政府资金存入纽约市的国民银行，这将有助于为美洲信托公司提供救济资金。他动员大家说，拯救美洲信托公司是所有信托公司的责

---

① 康沃斯是斯特朗的岳父。

任,而且结算行及摩根都将竭尽全力协助以完成救援。

在很多毫无意义的讨论之后,按照戴维森的嘱咐,斯特朗走到贝克旁边,问他接下来需要做些什么。"我们需要说服在场的各位先生,拿出必要的资金当作抵押物。"贝克说。他的话显然被坐在旁边的主席先生听到了。主席先生说,银行家信托公司将拿出 50 万美元去做抵押贷款,如果需要,甚至可以提升到100 万美元。斯特朗以为主席先生的这番话会引发众人的附议,但现实是,其他人根本没有回应。斯特朗回到摩根身后坐下,隐隐感到这场会议将无疾而终。

摩根手里拿着一根烟,头缓缓垂下,他就这样睡着了,好像根本没有听到斯特朗和主席之间的对话。过了差不多半个小时,摩根突然醒过来,转身问斯特朗要笔和纸。

"好了先生们,"摩根说,"银行家信托公司已经同意参与救援,拿出抵押申请贷款。农业贷款及信托公司(Farmers Loan and Trust Company)主席马斯顿(Marston)先生,你们将会支援多少钱呢?"马斯顿先生回应道,他将会和银行家信托公司做出一模一样的选择,投入50 万美元,如果需要可增加至100 万美元。在很短的时间内,他们已经筹得 825 万美元去做抵押贷款。

已经快到午夜了。摩根站起来,说:第一国民银行、国民城市银行、汉诺威国民银行将会暂时负责提供1000 万美元贷款的剩余部分,但他们希望,一旦能够组织贷款并安排担保,在座的信托公司就要和未参会的信托公司一起,偿还这些银行的临时支援。

## 午夜狂风

摩根让斯特朗前往美洲信托公司总裁奥克利·索恩先生的家,和他一起开展救援行动。斯特朗与戴维森花了几分钟的时间又过了一遍流程,并问戴维森是否有空一起前往索恩先生的家。戴维森说他还有其他公务要忙。珀金斯也已经离开,他与记者们约好在曼哈顿酒店碰面,为次日的晨报提供一个对于时下情况的声明。分别前，戴维森最后一次嘱咐斯特朗一定要确保明天上午10 点之前全部资金必须准备就绪，因为美洲信托公司已经没有一分钱现金了。说实话，戴维森和其他同僚们都相当怀疑救助资金能否在营业开始之前准备就绪。

寒冷的夜晚，狂风大作。时针指向凌晨 1 点，距离信托公司 10 点钟开门营业还有不到 9 个小时的时间。斯特朗和一位银行副主席走在第五大道上。匆忙之中，斯特朗一把抓起那件塞满各种文件的大衣的时候，记满数据和笔记的纸张撒落出来。正好一阵狂风吹过，纸片纷纷随风飘起，那上面是美洲信托公司的详细记录。斯特朗僵硬地站在那里不知所措。守候在门口的 10 多个记者追着这些随风飞舞的纸片，花了几分钟的时间把所有的文件归位。斯特朗觉得每一秒都无比煎熬。因为记者们不知道，他们手中的那些文字完全可以登上第二天报道的头版。当记者们把那些纸张交还给斯特朗的时候，他对这些记者的感激无以言表。

副主席先生和斯特朗沿着第五大道向前走，记者们跟随着其后，不停地问问题。为了摆脱记者，他们转身进入了 42 街的贝尔蒙特酒店，彼此假装道了晚安，然后分别从后门出来，来到了公园大道，甩掉那些记者之后再前往索恩的别墅。

索恩总算等来了救星。他与斯特朗一同坐下，探讨哪些资产可以被送到联合信托公司当作贷款抵押品。

早上 6 点，他们准备好了一份所有抵押物的清单，然后去洗漱。曙光来临，黑夜退去，一夜的煎熬总算结束了，一想到几个小时之后，美洲信托公司终于可以和平常一样开门营业，索恩打起精神，准备投入当天的工作。

## 索恩的逆转

索恩来回踱步，用焦虑的表情凝望着银行大厅，眼中透露着无比的失望。8 点半的时候，他就已经提前打开保险箱了。现在，已经快到营业时间了，昨天说好的贷款却连个影子都没有。索恩心灰意冷，打算在 10 点钟宣布关闭美洲信托公司。

　　另一边,斯特朗如约在 8 点 30 分抵达联合信托公司,却发现总裁爱德华·金(Edward King) 还没有到他的办公室。9 点过后,爱德华终于出现在他的办公室。他以为抵押物早就会被运送到他的办公室,由他的手下检查完毕,而且也以为他的高管们已经通过了决议,并同意发放贷款。但在那么短的时间内,根本不可能完成这些流程。斯特朗提出亲自前往美洲信托公司并且亲自审查抵押物的到位情况,爱德华不同意。这时,总算有点好消息,抵押物刚刚抵达联合信托公司,而整个执行委员会都在现场。

　　在董事办公室,斯特朗向执行委员会的成员解释金先生需要一份决议及抵押物的确认信,但是时间异常紧迫,因为当时连盘点现金的机器都还没有设置好。斯特朗告知他们,他需要马上得到一封签过名的证明信,以确定所有的抵押物都被接受了。委员们签署了文件,斯特朗马上向金先生汇报说整个签字流程已经结束,执行委员会和美洲信托公司的法律顾问都在现场确保放款顺利。他们需要拿到现金,而且立刻就要拿到。但是一直等到差一刻钟到 10 点,他们都还没有拿到现金。

　　斯特朗飞奔到摩根那里。摩根和戴维森、珀金斯都在焦急地等着他的消息。斯特朗说明了十万火急的情况,他们马上让他到摩根的保险箱,把头一天由美洲信托公司放在那的抵押物拿走。戴维森立即给国民城市银行的副主席打电话,告知他立刻需要一笔现金。戴维森挂断电话,斯特朗立刻带着几个手下拿着抵押物从华尔街一路狂奔到国民城市银行。路上,他们经过熙熙攘攘的行人,经过在美洲信托公司门口排着长长的队的取款者,没有人知道,他们拿着价值数百万美元的抵押物就是来满足他们的提款需求。国民城市银行的工作人员立即进行了一场迅疾的抵押物盘点。匆忙之中,斯特朗拿起一支铅笔写了一张收据——他也记不清楚到底是80 万美元还是100万美元了——然后把它们放进口袋里。当他们拎着这笔巨款狂奔到华尔街的时候,时间差不多刚好 10 点。

斯特朗走进美洲信托公司的大厅，远远地看见索恩疲惫的身影。索恩看到斯特朗的那一瞬间，绝望至极。他告诉斯特朗说，信托公司辜负了他，钱不会到来了，他计划在 10 点整关闭整家公司。但是，当斯特朗把第一笔资金交给他时，索恩脸上浮现的宽慰表情令人永生难忘。

返回摩根的办公室之后，斯特朗绘声绘色地向戴维森描述了早上发生的一切。戴维森爆笑了一阵之后，又告诉了斯特朗一个秘密：他们刚发现斯特朗拿去国民城市银行申请临时贷款的抵押物，恰恰就是前一天 3 家国民银行给美洲信托公司提供救援资金时收取的抵押物。当然，这个慌乱中犯下的错误很快就被纠正了。但是戴维森在紧急关头表现出的勇气，在斯特朗看来胜过千言万语。

## 摩根感冒了

自 1907 年 6 月中旬以来，罗斯福总统的内阁在今天召开了第一次正式会议。会议一直持续了两个半小时。这个时间算是比较长的。会议详细地讨论了当前的金融形势，但更多的时间花在讨论海军大幅度增长的预算和拓宽巴拿马运河沿途的所有船闸，以及新建 2 艘一级战船的建议上。

一向谨慎寡语的罗斯柴尔德在接受《纽约时报》驻伦敦记者的采访时说："在现在这个时候，我不想讨论目前的情况，因为关于纽约市目前正在发生的事情，我得到的报道极其匮乏。不过，我可以这么说，我已经接到这样的消息：那儿的形势似乎很有希望，令人大可以放下心来，高枕无忧。"说到摩根在金融危机中做出的巨大努力，罗斯柴尔德说："说到摩根先生这次无私的救援行动，我还想再补充一点。此前，大家都公认他是一位伟大的金融家、一个睿智的富豪，这样的美誉，他当之无愧。他最近的行动令人佩服，为他赢得了人们的尊敬。"

晚上，科特柳在曼哈顿酒店门口对记者们说："今天晚上，将不会发表任何的声明。我认为现在这种情况不再需要发表任何声明。"他感慨说过去这几天太紧张、太累人了，他已经疲惫不堪了。在纽约分部里，他每天都要工作 8 到 9 个小时。回到酒店还要接着熬夜，开会一直开到第二天凌晨 2 点钟，有时甚至到 3 点钟。据他所知，今天晚上平安无事，没有要召开其他会议的消息。"我今晚要好好地睡一个大长觉，我需要好好地睡一觉了。"

虽然科特柳还可以硬撑着，但是摩根却终于体力不支了。在过去的一周期间，他主持了这么多场晚间会议。有几次，他不得不在深夜甚至是凌晨时分，开车往返于各个会场，以至于患上了感冒。媒体说，在下班离开办公室时，摩根脖子上围着一条围巾。在华尔街众所周知的是，摩根公司以其工作强度远高于其他银行著称，摩根对工作的热情更是好似与工作生死相许一般。几年前，摩根同一位客人闲谈的时候聊起了退休这个话题。

"难道您不想卸下这个重负，轻松一下吗？"客人问道。

摩根皱了皱眉头。

"你父亲是在什么时候过世的？"他反问道。

"在 1890 年。"

"那么，他是什么时候退休的呢？"

"在 1890 年。"这位金融后生回答道。

"那他当时高寿呢？"

"65 岁。"

"假如他当年还一直在工作的话，他现在应当还会活着呢！"

以工作为生命的全部，生命不息，冲锋不止，这就是摩根。即便用今天的标准来衡量，他也算得上是个工作狂。

人们疯狂的情绪终于在夜幕降临之后平复了。新的一天会有怎样的惊涛骇浪，人们浑然不觉。

第七章

# 风暴横扫纽约（10 月最后一周）

# 突破红线：三天内财政部资金水平降至极限

　　财政部的救市行动不像摩根团队那么跌宕起伏，但是从财政部每天发布的货币运行情况来看，为了挽救纽约的金融灾难，财政部也冒着巨大的风险，付出了惊人的努力。

　　财政部每天发布的情况包括当日可用现金、可周转资金和国家银行当日存款总额等数据。在平时也许感受不到这些做法的作用，但是在危机来临之前，这些数据可以让敏锐的专业人士发现蛛丝马迹。比如人们发现，今年以来，货币一直保持从财政部流向银行的趋势，并从9月份开始加速。在恐慌爆发期间，这种透明度让人们感受到了财政部开闸放水的力度。

　　长期以来，财政部官员认为有一道红线是不可逾越的：财政部持有的实际可周转资金不得低于5000万美元。一直以来，实际资金水平也基本保持在这个标准以上，极少数特殊情况下才允许降至5000万美元以下。在金融危机发生之前，财政部的资金水平一直保持在红线以上。但财政部10月26日的数据显示，仅仅3天的时间，财政部的实际可周转余额就从正常水位大幅下降至 2000 万美元。

如果回顾一下 1907 年这一年财政部的关键数据，可以看到这样几个标志性的节点：在年初的 3 月 21 日，财政部的数据显示其实际可周转余额有将近 1 亿美元，国家银行存款金额为 1.4 亿美元。到 9 月 30 日，财政部实际可周转余额不足 6400 万美元，但仍保持在红线以上的安全水位。国家银行资金余额为 1.58 亿美元。

10 月 19 日星期日，也就是海因策操纵联合铜业股票计划失败之后的第四天、货币主管里奇利拒绝出任贸易国民银行行长一职的当天，财政部公布的数据显示，国家银行持有资金为 1.67 亿美元，财政部实际可周转余额降至红线附近，为 5400 万美元左右。本周前 4 天，银行存款只净增加了约 20 万美元，同时，财政部可周转余额依然保持在 5400 万美元。之后的 3 天，也就是科特柳驰援纽约、摩根连续两次砸钱救市的时候，财政部的数据记录了一个深深的坠落。

10 月 24 日，财政部发布的数据显示，国家银行用于缓解金融局势的首批存款金额大幅攀升了约 600 万美元，升至 1.7 亿美元，从而使得财政部可周转余额相应下降至 4800 万美元。

10 月 25 日的数据显示，又有 1050 万美元从财政部流向了银行，财政部可周转余额下降至 3700 万美元。10 月 26 日，银行存款余额又上升了 1600 万美元，而这些资金全都来自财政部的可周转资金池子。也就是说，从 10 月 24 到 26 日的 3 天里，财政部突破常规，累计向银行大幅注入 3250 万美元的流动性，财政部的资金水平从常规水平陡然降至 2000 万美元，远远低于正常值。

财政部的救市举措有多大程度是科特柳的决策，有多大程度是政府的意图，人们已经很难弄清楚真相。罗斯福在自传中显然不想让自己成为一个作壁上观的总统，他说：

　　我和财政部长在这些天中经常与纽约进行数小时的沟通，紧跟形势的每一个变化，设法预测形势的发展动向。政府显然有职责采取每个可行的步骤，通过制止大恐慌蔓延，阻止每个可怕的灾难，以免酿成不可挽回的劫难。由于灾难接踵而至，形势急剧发展，我们不得不立即决断和采取应对措施。财政部长为此采取了各项措施，其中一些是他自己的主张，还有一些是我所指示的举措。

　　当罗斯福明白事态的严重性的时候，他并没有阻拦财政部开闸放水、全力救市的行动。10月26日下午，罗斯福总统授意白宫公布了自己致信科特柳、对他处理危机的方式表示肯定的信件，并表达了自己对经济中出现恐慌现象的观察和思考。

　　尊敬的科特柳先生：

　　本人对您处理当前金融危机的方式甚为钦佩，特此向您表示由衷的祝贺。这场恐慌源于商业投机行为，如果不加遏制，最终有可能发展到摧毁我们从事合理经营行为所必要的信心和信用的地步。在这场危机期间，我们很多的工商人士都表现出超凡的智慧和强烈的公益精神，他们以自己审慎务实的行动为遏制这场恐慌的进一步发展做出了宝贵的贡献。本人特此也一并向他们表示由衷的祝贺。

　　凡是头脑冷静的人都不会怀疑：我们的金融和实业的基础条件大体上说来坚实可靠，诚实清明。不诚实的交易和投机性的行为仅仅是我们实实在在的商业繁荣发展进程中偶然出现的小插曲。

　　您和上述商界人士的这种举措不仅极其重要，而且为冷静思考提供了机会，这势必会坚定我们对当前商业形势的信心。

　　谨此

西奥多·罗斯福

华盛顿特区白宫

1907 年10 月24 日

　　虽然信中指名道姓受到表扬的只有财政部长科特柳，但是，罗斯福所提到的"很多的工商人士"必然是包括摩根和约翰·D.洛克菲勒。当总统一边打猎一边演讲地回到白宫的时候，科特柳已经离开白宫来到了风暴的中心纽约。此后，总统通过长途电话同科特柳保持联系，还同其他顾问召开过多次会议。对于向纽约市各家银行金库中追加政府存款这项政策，罗斯福持赞成的态度。他在结尾时使用的"信心"和"冷静"两个词语，仿佛是在设法舒缓公众的紧张心理。

　　这 3 天财政部的开闸放水，多少稳定住了处于金融系统最核心层面的国家银行群体，让银行机构避免了在危机中窒息而死，并且在应对恐慌这头怪兽的时候有了还手之力。但这些钱对救市来说，还远远不够。

　　危机还在蔓延，挤兑仍然没有停止，黄金还没有到岸，财政部正在"印钞票"：超过 2000 万美元的钞票正在印刷车间等待着一声令下就印刷。

# 1 亿美元的"通货"

　　内紧外松。摩根手下的人每天都在他的图书馆开会，对外发出一条又一条看上去让人觉得乐观的消息，但是从各地传来现金告急的消息却令人如坐针毡。在纽约市以外的很多地区，除了小额的支票以外，已普遍地暂停使用现金兑付支票。在有些城市，各家银行向内陆地区银行运送现金的活动也一度停止。人们想尽各种办法来减少现金的使用，比如，纽约市的所有信托公司一致决定尽量使用结算行会员银行保兑支票对储户进行支付；很多州的金融机构干脆宣布放假，放假的期限长短不一。

针对纽约最大的难题——流动性，以摩根为首的几位银行家下令发行1亿美元的结算行凭证（clearing house certificate）。眼下本来就现金短缺，各家银行在结算行用现金来相互交换兑付票据时，更加捉襟见肘。这时候，发行结算行凭证就显得迫切而且必要。因为这样一来，各家银行就可以省下手头上的资金，用于其他更紧急的用途。

发行结算行凭证的做法并不是头一遭。在此之前，美国已经发行过8次这种凭证了。最近的一次是在1893年。在这一年中，总共发行了4149万美元的结算行凭证。最早一次使用这种凭证是在1860年，后来在1861年、1863年和1864年都使用过这种凭证。此后在1873年又使用过一次，再往后就是在1884年和1890年，最近一次是1893年。1893年也是凭证发行额度最大的一次，发行额度较少的有两次，发行总额不到1000万美元。

虽然发行结算行凭证对于减轻金融压力一向都很有效，但是周末，结算行委员会和几位银行界头面人物专门为此事开会的时候，讨论了几个小时也迟迟没有决议。最终他们将这个问题交还给结算行协会来决定。结算行协会随即发出召开全体会议的通知。中午时分，协会通过投票表决，一致赞成发行结算行凭证。下午，结算行立即投入工作，安排首期凭证的发行细节。这些首期凭证将用于结算昨天的借方余额。这个做法保证了整个银行体系能够在危机中幸存下来。

凭证的发行条件和以前一样。凡是委员会认可的各种证券或者应收票据都寄存在结算行协会手中，按照不超过质押证券或票据之面额的75%发行凭证。凡是在结算行里有借方余额的银行都可以使用这些凭证同结算行协会的成员进行账目结算。至于退出机制，等到危机消散，银行手头宽裕的时候，就可以赎回这些凭证。

10月27日星期日，纽约结算行协会决定发行结算行凭证之后，全国的结算机构也都开始效法。有意思的是，虽然结算凭证在设计之初是在银行内部流通，但事实上，它很快就像现金一样在社会上流通起来。比如，11月23日的《纽约时报》刊登了如下消息。

## 匹兹堡将发放1500万美元的工人工资
## 大部分以结算行凭证的形式支付

匹兹堡地区的工厂和铁路公司明天将为工人发放过去两周的工资，共计1500万美元。以往正常情况下，这一地区发放的工薪一般是一天100万美元（包括周末），因此这次发放工资的金额比平时多了100万美元。

这笔钱中，大部分会以结算行凭证的形式支付。当前，结算行凭证的用途已经相当广泛了，几乎所有的支付活动都可以通过凭证结算，甚至包括停车费等。

可见，所谓的凭证其实已经成为一种流通货币。据《普约报告》，从10月26日至12月26日这2个月的时间里，在纽约市发行的凭证高达1.01亿美元。而1907年全美国的发行规模超过2.5亿美元。报告指责结算行的做法"没有任何法律依据"，并且"它们发行的这些证书无须缴纳10%的流通税"，更重要的是"使国家的信用威风扫地，大失脸面"（参见附录5）。

接近10月终之时，铜的价格回升到14美分，这是10月中的一个重要事件。政府还竭尽全力地刺激银行进一步增加银行纸币发行额，但是这方面的影响在10月期间似乎不大，直到下个月才开始体现出来。

在金融界如履薄冰的时候，纽约的储户们最关心的一个问题是：如何安置从信托公司和银行里取出的这些存款。一种回答是：从一个金融机构取出存款，转存到另一个机构。也有人说，这些人吓坏了，把取出的钱都藏到密封的番茄酱罐子里了。只要有一部分储户选择留着现金，整个银行体系的流动性就减少了，结算行凭证一定程度上起到了流通货币的作用，填补了这个流动性空缺。

## 银行资产负债表

周末，摩根团队也没有闲着，他们成立了一个公众关系委员会，向媒体发布鼓舞人心的正面消息，还成立了一个宗教委员会督促牧师们出面安抚人们焦虑的心情。星期六的报纸说，价值500万美元的黄金将从伦敦运到纽约。

结算行发行凭证的行动给市场流动性带来了一定程度的缓解。政府在纽约市各家银行中的存款也大幅度增加。11月9日，政府在银行中的存款总额是7309万美元，远远超过10月19日政府在银行中的存款总额3445万美元。

结算行数据显示，在10月26日，银行存款同存款准备金之间的缺口为123万美元，这是本年度首次出现存款赤字。而到了11月2日，这个缺口的规模扩大到3884万美元，远远超过历史上任何一个恐慌时期同类缺口的规模。自这一周开始，银行对账单不再详细地列出各个银行的资金状况，直到年末才重新详细地披露各个银行的资金状况。在随后的几周中，这个缺口甚至更大了。在接近11月末之时，由于采取了各种救济措施，银根极度紧张的状态有所缓解。

结算行公布的一系列数据显示，其会员银行在10月5日的货币持有总额是2.62亿美元，在10月19日的货币持有总额是2.68亿美元，在11月2日的货币持有总额是2.24亿美元。结算行会员银行在10月5日的存款总额是 10.37 亿美元，在 10 月 26 日的存款总额减少到 10.2 亿美元，而在 11 月 2 日的存款总额又增加到 10.52 亿美元。结算行会员银行在 10 月 5 日的贷款总额是 10.89 亿美元，在 10 月 19 日的贷款总额减少到 10.8 亿美元，而在 11 月 2 日的贷款总额又增加到 11.48 亿美元。

如果我们把所有的银行合并到一家，这就是一张简化的资产负债表，如表 2 所示。

表 2　银行业资产负债表　　　　　　单位：亿美元

| 10 月 5 日 | | | |
|---|---|---|---|
| 资产 | | 负债 | |
| 现金储备 | 2.62 | 存款余额 | 10.37 |
| 贷款余额 | 10.89 | 银行资本金 | 3.14 |
| 11 月 2 日 | | | |
| 资产 | | 负债 | |
| 现金储备 | 2.24 | 存款余额 | 10. 52 |
| 贷款余额 | 11.48 | 银行资本金 | 3.20 |

如果把所有银行的现金、存款余额、贷款余额合在一起，当作一家大银行，我们可以看到，从 10 月 5 号到 11 月 2 号，存款余额增加了 1500 万美元，现金减少了约 3800 万美元，而贷款余额增加了 5900 万美元。简单分析这几组数据，会对这场挤兑有更深入的理解。

这些存款金额的起起落落有可能是政府存款的注入和挤兑提现与存款大搬家相叠加的后果。从存款余额来看，在近一个月的时间里，与注入的大约 3900 万美元政府存款相对冲，储户大概提取了 2400 万美元的现金并且离开了整个金融系统。这个提款规模说明虽然对银行体系有一定的恐慌程度，但相比信托公司来说并不是最严重的。比如，美洲信托在 10 月 23 日一天就提取了超过 1000 万美元。在危机消退之后，美洲信托官方公布的累计提取金额为 3400 万美元。

再来看看银行的贷款余额。银行的贷款余额大致在 11 亿美元上下。

作为一种直观的对比，我们以 2020 年 7 月中国的贷款余额 168 万亿元人民币作为参照，当时增加的 6000 万美元贷款，相当于贷款余额的近 6%，可以类比为今天中国的 10 万亿元人民币。

银行贷款大幅增加有两个原因：一个是直接贷款给问题企业，比如三家国家银行借贷给美洲银行。另一个原因是因为信托公司把一些贷款转让给银行。银行用现金购买信托公司的贷款，可以理解成信托公司出售优质资产以换取现金。据报道，银行之所以出现巨大的存款同存款准备金之间的缺口，就是因为银行用大量现金向信托公司提供了流动性。这是救市过程中旁观者看不到的一面，也是神秘复杂的金融系统内部运作方式在发挥作用。

周末的整个白天和晚上，在摩根家里和华尔道夫酒店，金融业的总裁们连续不断地开会，一直持续到星期一早晨 5 点钟才结束。会议承诺所有的信托公司联手，共同支持陷入困境的两家信托机构：美洲信托和林肯信托。具体的做法是，他们决定成立一个救援委员会，接管这两家信托公司的绝大部分股权。救援委员会由本市最强大、最保守的几家信托公司的一把手组成。

整个星期，摩根没有一个晚上睡眠超过 5 个小时。星期日是个雨天，在整座城市大大小小的教堂里，神父们告诫善男信女们不要过于恐慌，一整天的雨好像要浇灭人们心中的焦虑。

## 纽约市将于 3 天后停摆

在危机期间，摩根团队像美联储一样扮演着最后贷款人的角色，为美洲信托和林肯信托兜底，安排发行 1 亿美元的结算行凭证来缓解流动性；像半个财政部一样在股灾发生时向市场注入流动性为股市兜底，在周末动用宗教的力量安抚人们恐慌的心理。他们的救助行动从既是民间性质的又是政府性质的、从媒体版面一直覆盖到教堂信众，如此强大的社会穿透力十分罕见。不仅如此，摩根团队还像一个超级政府一样，为纽约市政府兜底。

10 月 28 日周一下午，纽约市长前来拜访摩根。他带给摩根的消息是：如果不能在 11 月 1 日以前筹集 2000 万～ 3000 万美元，城市将会破产。这笔钱的用处是发放工资和支付利息。纽约市政府的窘境是否与这场危机有关，我们不得而知。但是考虑到危机在纽约爆发，纽约的金融界受到最深刻最持续的冲击，纽约市政府出现资金链断裂的情况也许并不意外。摩根和搭档们再次力挽狂澜。第二天，他们组成一个财团，由摩根出面向纽约市政府购买 3000 万美元的城市债券，从而让后者免于破产。

纽约市的官方声明说：

> 纽约市长麦克莱伦、主计长和财政主管 与 J.P. 摩根公司的摩根先生、第一国民银行行长的贝克先生以及国民城市银行董事长斯蒂尔曼先生多次商议后达成一致，几位银行家将以面值购入价值3000 万美元的城市债券，未来将进一步购入价值2000 万美元的债券，利率均为 6%，从而为纽约市政府提供所需的资金。

《纽约时报》用这样一首诗赞美了摩根的远见卓识：

> 当一座城市的债券发行失败时，
>
> 无人关注，
>
> 那时，是谁出面救助？
>
> 是 J.P. 摩根。
>
> 由于信用的美名受到玷污，
>
> 银行和信托公司陷入崩溃境地，

大人物们的高谈阔论，

实乃于事无补，

却只能火上浇油。

此时，

真正需要巨人的力量，

去遏制毁灭性的黑潮涌动。

此时，是谁做了这项工作？

是 J.P. 摩根。

从英雄般扭转乾坤的情节，从字里行间的赞美，我们可以看出，当时人们对摩根强大的救市行动力的推崇。几年之后，人们的心态发生了根本性的变化，对摩根的态度从推崇转为敬畏，最终演变成愤怒和厌恶。

## 黄金增购与货币增发

纽约各银行在 10 月的最后一天宣布将增购黄金共计 150 万美元，这样一来，纽约银行购入的黄金总额将达到 1885 万美元。此外，芝加哥、波士顿和费城的银行也购入了价值 500 万美元的黄金。算下来，美国金融市场的黄金总量不久就会增加到近 2400 万美元。

银行增购黄金推动了活期贷款利率的下调。此外，在美国货币主管里奇利的倡导下，国民银行纷纷宣布增发货币的行动也有助于活期贷款利率的降低。国民城市银行副总裁范德利普表示："国民城市银行正在竭尽所能增发货币，虽然我们没有政府存款，但我们为政府存款提供担保。我们昨天（指 10 月 31 日）购入了约 150 万美元的政府债券，用来增发货币。"11 月 1 日，活期贷款最高利率为 25%，平均为 20%。作为对比，昨天最高利率为 75%，平均利率为 50%。

结算行近期援助的所有银行在 10 月 31 日这天的账目上都显示了贷方余额，而在前一天，这些银行里还只有一家有贷方余额。相对于还处在挤兑风波中的信托公司，银行已经算是走出了恐慌的阴影。

不管真真假假，摩根团队总是在释放大大小小的正面消息。关于摩根组织购买 3000 万美元纽约城市债券，两天之后又有了新的进展。银行家们透露说他们正在协商到巴黎去出售这些债券，相关谈判取得了令人满意的进展。如果纽约的城市债券能顺利在巴黎出售，"可以为美国银行家从海外购入黄金带来巨大的便利"。只要是和黄金有关的正面消息，都是安抚人们的良药。

黄金增购和货币增发的消息似乎在推动这两天股价的走高，但做空的谣言总是不胫而走，并在周四这天重创铁路股。

让人意想不到的是，在股价下跌、机构投资者出现流动性枯竭的时候，大量散户投资者却无惧恐慌，以小额购入股票（不足 100 股）的方式抄底入市。官方周四发布的统计显示，过去 10 天，也就是恐慌爆发以来，散户投资者从市场上购入了共计 200 万股，平均价格约为每股 50 美元，总计为 1 亿美元，相当于散户在每天买进价值 1000 万美元的股票。银行也在采取各种措施促进小额股票交易。那些想把手头的股票拆成零碎股来卖给散户的人在柜台前排起了长队。

如果我们回顾摩根救市和散户入市，会发现两者的不同。摩根在最危急时先后拿出 2500 万美元和 1000 万美元放贷救市，在第二次救市时借款利率高达 50%。照道理来说，应该是缓解了平仓的压力，因为愿意按照这个利率借钱的投资人应该是面对平仓压力的卖方。而散户以平均每天 1000 万美元的场外资金入场，提振了证券市场的士气，买盘支撑缓解了暴跌的紧张局势。但是，是谁给他们的勇气呢？

# 每晚7:30 联盟俱乐部@ 所有人

　　都是熟悉的公司，都是熟悉的流程。斯特朗游走在一间间充满绝望的会议室里，再将清点的结果汇报给摩根。他的感觉是"这场灾难就像在社区中凭空爆发的一样"。

　　在过去两周的时间里，整个纽约市笼罩在从未经历过的金融恐慌和灾难之中。一家又一家的金融机构申请援助。斯特朗那个小小的调查委员会忙于处理一个又一个危险的救市游戏。联合信托公司的总裁金先生临危受命，担任信托公司联盟的主席，负责救助方案的具体操作和细节的落实。人称"三巨头"的摩根和他的两位搭档贝克、斯蒂尔曼身居幕后，控制着所有的最终决策。对金融机构来说，他们像一座靠山一样提供源源不断的支持。

　　如果说摩根图书馆是所有重大决策最后拍板的地方，联盟俱乐部（Union League Club）则更多的是救市团队私下交流和讨论的地方。大恐慌期间，他们在这里订了一间私人包厢，所有人都必须在晚上 7:30 左右到场赴宴。很多人在这里就餐之后，再去摩根图书馆接着开会，一直开到凌晨三四点钟。吃饭的时候，戴维森强大的幽默感总是会在不经意间流露出来，让凝重的气氛顿时变得轻松起来。有一次，戴维森和斯特朗说起林肯信托公司有可能会倒闭，突然转头对旁边的珀金斯说，他们发现他夫人已经透支了在林肯信托的账户。

　　当摩根和几位总指挥力挽狂澜的时候，戴维森和斯特朗也在细微之处施展着他们的力量，像背锅侠一样一个接一个地处理各种险情。一天，斯特朗和戴维森被委派到林肯信托公司去处理非常棘手的情况。他们发现公司的储备金已经全部被取走了。董事们士气低沉，打算把整家公司一关了之。查明情况之后，戴维森打电话给珀金斯，两人从自己的腰包里掏出

50 万美元抵押给林肯信托，却根本不过问抵押品是否真的值那么多钱。

救市的行动是匆忙的，救市的细节往往都是慌乱写就的。一个周五的晚上，斯特朗和戴维森来到一家亟待救助的银行。它在不同的机构拥有 4 个储蓄账户，其中 3 个已经因为挤兑而失效了，唯一一个尚且可用的账户是在银行家信托公司名下。戴维森说："把钱给他们，哪怕只是杯水车薪。"次日 8 点，在营业开始之前的 2 个小时，那家银行来到财政部国库纽约分部，用三四辆卡车把现金拉走了。这笔注资让那家银行终于稳住阵脚，没有倒下。匆忙之中，因为找不到车，斯特朗把自己的车都用来拉现金了。

在与各种困难做斗争的日子里，在一次次向摩根做汇报的深夜，斯特朗非常好奇摩根的脑子里都在想些什么。当他听到斯特朗的汇报的时候，当贝克告诉摩根他将会采纳斯特朗对那些资产的意见的时候，当戴维森启发摩根说可以用这样的方式去解决恐慌的时候，在巨大的不确定性面前，究竟是理智还是信任让摩根做出了每一个决策？遗憾的是，虽然是摩根最得力的助手之一，但斯特朗从未找到答案。

在这周剩下的日子里，筋疲力尽的摩根团队继续着他们重塑信心的努力，用现金填补着金融系统中的漏洞，并设法抚慰人们脆弱的神经。没日没夜的战斗往往会削弱人们的勇气和判断力，但摩根团队从未对未来失去信心。一位银行家向摩根报告说，他现在非常担心，因为他们所剩的资金已经低于合法限度。摩根冲他喊道："你的资金储备要是接近合法限度就应该为自己感到羞耻，你的资金储备现在不用，还等到什么时候？"

10 月就这样在恐慌的氛围和愤怒的咆哮中结束了。两家陷入流动性危机的信托公司仍然在风雨中飘摇。因为对谈判细节的分歧，关乎生死的救助行动还只是停留在会议室的讨论中，但是时间已经不多了。在金融风暴的冲击中，灾难的雪球越滚越大，新一轮恐慌一触即发。

第八章

# 11 月 1 日星期五：
# 施莱先生赔了很多钱

当金融危机的乌云在纽约上空翻滚的时候，华尔街最大的经纪公司即将破产的消息再次让人们绷紧神经。

这家名叫摩尔 & 施莱（Moore & Schley）的经纪公司在 1898—1902 年的产业重组期间曾经发挥了领袖般的作用，其成就仅次于摩根银行。可惜好景不长。几年的辉煌之后，到了 1907 年秋，摩尔 & 施莱公司欠下各家银行的债务高达 3500 万美元，它用作抵押贷款的证券中包括田纳西煤铁公司（Tennessee Coal, Iron & Railroad Company）的股票。施莱财团收购了大量田纳西煤铁公司股票从而拥有了该公司的控制权。那个时候的经纪公司，有点类似于今天的私募股权投资公司。

创始人格兰特·B. 施莱（Grant B. Schley）本人在 1907 年也赔了很多钱，他欠自己公司、朋友和几家银行很多钱，其中欠摩根公司 100 万美元，欠第一国民银行 200 多万美元。这些欠债虽然让施莱头疼，却不至于让他濒临破产。把他逼入绝境的是，银行拒绝接受田纳西煤铁公司的股票作为抵押。施莱本来就债台高筑，他拿不出钱来还给银行。如果他还不上银行的钱，等待着他的就只有破产这一条路。

如果我们回顾一下危机的传导链条，会发现一个细节：大恐慌的起点是海因策兄弟操纵股价失败，直接导致的后果是贸易国民银行的资不抵债，原因是质押的铜业公司股票大幅缩水。这和施莱公司陷入困境的缘由是一样的，施莱也是因为质押的钢铁类股票大幅缩水之后收到银行的最后通牒。铜业和钢铁类股票都与铁路行业息息相关。贸易国民银行的资不抵债引发了第一轮的恐慌，施莱公司的困境引发了最后一轮的恐慌，两者的一个共同之处是都是由股权融资风险爆发而受到拖累。也就是说，两家公司落难的背后都是同一种金融工具在推动。这也许可以说明，通过股权融资来加杠杆是当时一种比较激进的融资行为。

话说回来，银行拒绝田纳西煤铁的股票，并不完全是因为施莱，而是因为施莱财团的一个合伙人酒商乔治·A.凯斯勒（George A. Kessler）。在这场金融动荡中，凯斯勒因为欠债太多而破产了。年初时，凯斯勒曾试图劝说摩根以每股130美元的价格收购田纳西公司的股票，摩根咨询了美国钢铁公司（United States Steel Corporation）的董事长 E.H. 盖瑞（E.H. Gary）和董事亨利·C. 弗里克（Henry C. Frick），他们认为这家公司的股票不值这么多钱，从而拒绝了这个提议。盖瑞因为之前曾任大法官，所以不管是在媒体上还是私下里，人们经常称呼他为"盖瑞法官"。

施莱和凯斯勒一样，都利用田纳西煤铁公司的股票作为抵押借到了大笔贷款。几年之后，在国会听证时，施莱说银行之所以拒绝田纳西煤铁公司的股票，部分原因是这家公司的名声和凯斯勒联系在一起，另一个原因是这家公司的股票价格远低于财团最初收购时的每股130美元，而钢铁行业专家认为其每股的实际价值只有大约60美元。恐慌发生初期，施莱曾向摩根求助。摩根安排美国钢铁公司借给他该公司价值120万美元的18个月期债券，以价值200万美元的田纳西煤铁公司股票作为抵押。施莱接受了。

田纳西煤铁的历史一直可以追溯到美国南北内战时期，在1907年时拥有多个平炉钢铁厂（当时只有一个最大的平炉钢铁厂正在运营）、矿石储量和煤田等。公司高管声称，田纳西煤铁的资产总额仅次于美国钢铁。他们估计，公司拥有矿石量达到8亿吨，地产面积达45万英亩（约合1821平方千米），已建成煤矿的日生产能力达2万吨。公司的一所新钢厂可以年产10万吨盘条钢和20万吨其他型钢。除此之外，公司还拥有和运行着16座鼓风炼钢炉。但是对银行来说，田纳西煤铁的股票不值那么多钱。

两周的恐慌加重了施莱的压力。星期五，施莱与财团的另一个成员商量如何渡过难关。此人提出将整个田纳西煤铁公司的股权卖掉，他们一致认为只有一个潜在的买主，那就是美国钢铁公司。施莱找到他和摩根共同的朋友——一位律师先生，要求他立即启动出售田纳西煤铁公司的谈判工作。施莱说他本人和大部分股东都愿意以100美元的股价转让该公司股票，"应该尽可能让它的走势稳健些"。

律师朋友约定第二天上午去见摩根。

第九章

# 11 月 2 日星期六：
# 从摩根到罗斯福都面
# 对重重阻力

# 大到不能倒的施莱

美洲信托公司和林肯信托公司遭到的巨大的挤兑风潮，仅仅只是当前复杂金融形势中最棘手、最困难的问题之一。解决这个问题，虽然有难度但并不复杂，因为所有人都在为流动性而全力以赴。复杂的是，金融系统的动荡有可能进一步加剧，施莱就是一个正在燃烧的导火索。银行、施莱、田纳西煤铁公司，在这个三角形的关系中，最无辜但也最关键的是田纳西煤铁公司。

摩根对田纳西煤铁公司并不十分了解。从 1 月到 10 月，他从未参加过任何一家钢铁公司的董事会会议。但他认为，施莱若破产，将给刚开始恢复的公众信心带来新的打击，导致危机进一步加剧和扩散，前期所有的努力有可能化作泡影。施莱除了拖欠波士顿、芝加哥、费城和纽约的经纪公司 3500 万美元的债务之外，还以个人名义借了几百万美元的资金。如果他破产，银行就会拍卖掉他的抵押物，其他金融机构也将受到连累。施莱用田纳西煤铁公司的股票，在多家金融机构中获得的抵押贷款总额高达1000 万美元，其中，美洲信托公司提供了 62 万美元抵押贷款。

复杂之处在于，要救助一家私人公司和救助一家类似银行的信托公司，其意义和性质是完全不同的。摩根找来盖瑞和弗里克，提出一个以债换股的方案：用美国钢铁公司的优质债券去交换市场上不受欢迎的田纳西煤铁公司的股票。这些优质债券在市场上可以当现金流通，银行不会有什么损失。但摩根得到的回答是否定的，盖瑞和弗里克都不喜欢这个主意。他们比摩根更了解这个行业，他们知道田纳西煤铁公司的经营成本很高、效率低下。早在1901年美国钢铁公司合并时，盖瑞就拒绝接纳它，原因是没有盈利并且管理混乱。再者，盖瑞担心政府会挥起反托拉斯法案的大棒。他一直小心翼翼地保持着美国钢铁公司的市场份额，以避免遭到政府的指控。但现实是，美国钢铁公司和田纳西煤铁公司合并的苗头其实已经依稀可见了：为了每年节省数千美元的行政开支，两家公司在纽约的销售部门早就合并了。

在高炉炼钢方面，美国钢铁公司当前的年产量已经遥遥领先，高达1300万吨，而田纳西煤铁公司的年产量还不到100万吨。可是，在平炉炼钢领域却是另一幅图景。田纳西煤铁公司拥有当时最大的平炉炼钢轨梁厂。这家平炉炼钢厂在不久前才投产，产能是每年生产10万吨钢轨和20万吨型钢。令人们记忆犹新的是，从这家工厂刚投产之时起，以前一直采购美国钢铁公司钢轨的哈里曼铁路公司立即把订单转给田纳西煤铁公司，向其采购大约15万吨的平炉钢产品。虽然美国钢铁公司在建的大型平炉炼钢厂也有很多个，但在当时还无力同田纳西煤铁公司进行竞争。对田纳西煤铁公司的收购，意味着美国钢铁公司将拥有当时最大的平炉炼钢轨梁厂。

美国钢铁公司财务委员会在摩根图书馆召开了数小时的会议。傍晚时分，弗里克和盖瑞给施莱打电话，给他两个选项：美国钢铁公司要么借给他500万美元，要么以每股90美元的价格收购田纳西煤铁公司的股票。施莱一口回绝了这两个提议：他需要的远远不止500万美元，而且他的合伙人也绝不答应以低于每股 100 美元的价格卖出股票。

当晚，会计师们按照摩根的要求开始连夜对田纳西煤铁公司的账目进行审查。

## 金融改革的呼声：从白宫到民间

针对过去两周金融系统的动荡，总统在不少公开讲话中阐述通过立法扩大联邦政府控制范畴、约束跨州运营公司的设想。有人建议总统先让国会修订金融法律，在尽量不触动美国基本法律体系的前提下，尽可能地为政府加强干预和治理创造更大的空间。

对于是否要召开国会特别会议，罗斯福总统还在谨慎考虑之中。联邦政府在慎重观望和考虑后表示，目前的情况还没严重到必须召开特别会议的地步。也有人提醒说，如果总统现在召开国会特别会议，公众可能会认为政府很担心出现不利局面，最终的效果可能会适得其反。人们转而建议罗斯福总统公开发表声明，表示自己对控制局面、加强政府对金融及企业监管的信心。但这条建议也遭到了白宫顾问一定程度的反对。这倒有点体现出古老的智慧"一动不如一静"的意思。

在民间，货币改革已经成为一个热点话题。一年前，银行家们就开始讨论货币改革，但在证券投资人的圈子里，货币改革还被看作一个纯学术问题。金融恐慌之后，就连投资人也开始大力提倡货币改革。人们普遍认为，在当前形势下，货币改革往前推进的希望很大。一年之前，很多人根本意识不到货币改革的必要性。昨天有人却说，今年冬天国会可能会面临压力，会加快出台一部合理有效的货币改革的法律。虽然媒体上频频发出召开特别会议的呼声，但其实，白宫在周五就否决了召开国会特别会议的提议。

星期六，结算行一改过去在收盘前大约半小时公布数据的传统，而是在收盘之后发布了银行业务明细表。这个小小的调整在华尔街引起一阵热议。银行业务明细表在一定程度上公开了银行业的状况，那些数据会影响投资人的情绪，但其实并不是最终的、决定性的数据，因而可能会带来一种没有意义的干扰。在市场相对脆弱的时候，这种情绪的波动很容易被放大。结算行这个微小的调整减少了情绪波动带来的恐慌。大多数人认为这是一件值得肯定的好事。同时，结算行还表示从现在开始将不公布银行各分行的详细对账单，仅公开其贷款、现金、货币流通、存款和盈余储备变动等基本情况。

人们乐观地认为，这周各银行都使用了结算行凭证，对账单的情况应该不会太差。但银行对账单公布的结果让人们的乐观情绪降至冰点：存款准备金的缺口超过了历史纪录。造谣者消停了几天之后，这一两天流言蜚语又开始满天飞。好在谣言一出来，经纪人和交易员都迅速表示了质疑。因为造谣者大都想通过谣言操控市场，趁机变现。

黄金是治愈恐慌的解药。一艘名叫"王太子妃茜茜莉号"的邮轮正在开足马力驶向美国，船上装载着价值高达 710 万美元的黄金。这是美国的银行家从伦敦购买的 3400 万美元黄金中的第一批。黄金装在 235 个小木箱里。每只箱子平均占地面积约为 18 平方英寸（约合 0.12 平方米），装有约 3 万美元的黄金。所有的金条都稳稳当当地装在箱子里，金币都装在帆布袋子里再扎紧口袋。

五天五夜的航行中，船长一直全速前进，但星期六是天气最糟糕的一天，在强劲的西向海风的吹动下，海面波涛汹涌，船长只得减速缓行。

第十章

# 11 月 3 日星期日:
# 门锁了，钥匙@ 摩根

## 施莱如愿以偿，但是……

摩根图书馆。摩根和珀金斯听施莱喋喋不休地论述着田纳西煤铁公司的股票到底值多少钱。

田纳西煤铁公司的总体情况已经摆到了美国钢铁公司财务委员会面前，但施莱和摩根团队的意见依旧无法统一。施莱一方反复强调，他们最有价值的财产是矿石和煤炭储备。珀金斯却不留情面地说，虽然田纳西煤铁公司已拥有这些资源达 20 年之久，"但还是无法阻止你们的股票只卖到每股 30 美元"。施莱无言以对。

摩根不太喜欢竞争，他更相信企业联合的功效。他也知道市场需要管理，但是他却不相信政府管理市场的能力。他在 1912 年对一个朋友说，企业的合并是"唯一应该做的事情"，政府"对它的打击是愚蠢的。因为他们是政客，而不是善于治国的人"。摩根认为政府对美国脆弱的金融运行机制的干预是一种"野蛮的""不负责任的"破坏行为。

对于田纳西煤铁的命运，摩根的看法是，全世界以他为代表的这些人把几十亿美元的资金投到美国，如果市场崩溃，遭受损失的不只是富有的资本家和工商界，整个国家都会陷入长期的经济萧条之中。那样的话，最遭罪的是社会底层人士：农民、工人、移民、小业主和失业者。7 年经济繁荣之后的短暂衰退，很可能演变为 7 年的萧条。

要避免这种局面，防止更大的危机，拯救施莱是必须做的事情。但是现在的局面是，整个纽约甚至整个美国都资金告急，而且，虽然施莱大到不能倒，但是救助一家名声不太好的私人公司，也不能动用社会力量。如何走出施莱的困境，只能靠摩根自己想办法了。

对银行来说，比现金的接受度稍微低一点的是债券，特别是摩根背书的债券。摩根相信他们应该用自己的债券去收购田纳西煤铁公司的股票，这是唯一可行的办法。财务委员会已经得出结论，田纳西煤铁公司有偿还债务的足够潜力，可以为美国钢铁公司提供大量的矿产资源，可以让美国钢铁公司得到其控制权并提高自己的生产能力，同时在南方拥有一个坚强的堡垒。从长远看，摩根的参与及大量的资金投入一定能让它实现盈利。考虑到这样的前景，盖瑞和弗里克终于颔首同意了施莱的条件。

傍晚时分，财务委员会告诉施莱，他们同意以价值 3000 万美元的美国钢铁公司债券换取同样价值的田纳西煤铁公司股票，每股按 100 美元计算。施莱接受了这个条件，他的合伙人也同意了。现在，只剩下最后一个问题。所有人都清楚，在行动之前，他们需要征得政府部门的同意，确切地说，是罗斯福总统的同意。

## 钥匙与难题

整个白天和夜间的大部分时间，银行家和来自钢铁公司的人在摩根图书馆里进进出出。对媒体记者，摩根只是说他们在讨论总的金融形势。信托公司的总裁们聚集在一家饭店里开会，不时把最新信息传达给摩根。摩根告诉那些信托公司的总裁们，他目前正在设法解决的是施莱公司的难题，信托公司的总裁们应该设法靠自己的力量再筹集2500万美元。

需要救助的两家信托公司依然在黑暗中挣扎，资产估值的分歧让托管方案迟迟不能敲定。斯特朗的调查委员会重新投入美洲信托公司资产的调查。他们从周五开始足不出户、彻夜不眠地一直工作到星期六下午。戴维森从各种角度去挖掘情报，为斯特朗的调查提供支持。调查工作完成之后，两人在贝尔蒙特酒店碰面。一起过了一遍要点之后，戴维森终于和斯特朗一直相信的那样，认定美洲信托公司的抵押净值大约为200万美元。星期六晚上9点，他们前往摩根图书馆，准备向摩根和几位银行家再做一次汇报。

斯特朗和戴维森准时出现在摩根图书馆。进门的时候，斯特朗见到法官盖瑞和摩根走进了后面的小屋。环顾四周，他发现银行界的代表们都坐在东屋，西屋则坐着信托公司的代表们。斯特朗已经听说了田纳西煤铁公司的处境，他意识到空气中有一种突然的安静。

戴维森告诉他，摩根先生认定，只是解决信托公司的问题，就要花费2500万美元，而其他的事情还要筹集额外的2500万美元。不管是戴维森所说的内容还是他说话的声调，都让斯特朗意识到事态的严重性，刚才的轻松瞬间变成了沉重。两周的救助行动中，斯特朗眼中的戴维森一直满怀斗志；走到今天，当所有人都觉得曙光就在前方的时候，却发现依然还有这么大的窟窿，戴维森第一次产生了一种挫败感，斯特朗也沮丧至极。

将近午夜的时候，马斯顿被从西屋的房间叫走，去与摩根会面。斯特朗与一位先生有一搭没一搭地讨论美洲信托公司一笔贷款的法律层面的问题。那位先生担心这笔新贷款只能证明美洲信托公司事实上已经破产。斯特朗提供了解决这件麻烦事的一些方法，对方看起来比较满意，但斯特朗心里还是在打鼓，他不知道摩根对于这笔新贷款的判断到底如何。

一小时之后，马斯顿先生回到了房间，面如死灰。大家问他究竟怎么回事，马斯顿不肯透露，只是说需要另一笔高达2500万美元的资金去解决。最终，当信托公司的总裁们同意拿出至少 2500 万美元去解决他们自己的问题时，摩根先生早已经拿出个人财产对另外的那 2500 万美元缺口做出安排了。

在汇报调查结果之前，斯特朗在休息室小憩。坐在他旁边的斯蒂尔曼问他上一次在床上睡觉是什么时候，斯特朗回答说是周四晚上。斯蒂尔曼说，这个国家是不会因为他要回家睡上一觉而崩溃的。当时差不多是凌晨 3 点，当斯特朗准备回家睡觉的时候，发现图书馆大门被锁住了，而钥匙在摩根先生的口袋里。

后来斯特朗和戴维森说起这件事，戴维森哈哈大笑，他认为这件事是"展现摩根先生那深邃的人性洞察力的最幽默的例子"。摩根的要求是，当晚不允许有任何错误。所有人都得留到一切水落石出的那一刻。这是摩根作为救市总指挥的霸道：在问题没有解决之前，所有人都不能离开。而问题怎么解决，也许他心里早就有答案了。

## 集体兜底

摩根的强硬态度终于有了结果，纽约市所有信托公司决定集体兜底，继续向美洲信托和林肯信托提供支持，救这两家公司于水火。会议一直持续到周一清晨将近 5 点钟才结束。参会的银行家们用了整夜时间审议已经制订出来的各种计划，以确保美洲信托和林肯信托能够获得所需的资金，继续开门营业。有人说，进一步支援这两家公司有一个先决条件：这两家公司的董事们要以个人的身份对自己公司的偿付能力做出担保。事实上，他们也已经向以联合信托公司总裁爱德华·金为首的 5 人委员会做出了私人担保。美洲信托公司一位董事说：每个问题都被提出来进行讨论，所有的这一切都需要时间。他还说他几乎一个星期都没有睡过安稳觉了。珀金斯对媒体吹风说，关于具体将会如何处理这两家处于重压之下的信托公司的各项事务，很有可能在一两天之内就会有明确的公告。

搞定了两个 2500 万美元之后，美国钢铁公司这边也有了进展。摩根会议讨论出的权宜之计是，当面将整个事情向总统罗斯福全盘托出，探探总统的口风，看看他是否认为美国钢铁公司收购田纳西煤铁公司的行动违反《谢尔曼反托拉斯法》。深夜 10 点，盖瑞拨通了白宫的电话，想在次日上午与总统见面会谈。得到肯定的答复之后，盖瑞和弗里克立刻动身，连夜赶往华盛顿。

现在，最终的命运交给总统罗斯福，一位素来对垄断深恶痛绝的人。摩根深知华尔街最厌恶的就是不确定性，他给盖瑞一行人的忠告是，务必在明早 9 点纽约股市开盘之前得到总统的答复。盖瑞一行人能用三言两语将现金、债券和田纳西煤铁股票这三者本质的不同说清楚吗？如果很直白地把这件事说成是美国钢铁收购田纳西煤铁，总统会相信他们的说辞吗？

新的一天，只能做最坏的打算。

第十一章

# 11 月 4 日星期一:
# "它是挽救恐慌的
# 唯一对策"

## 罗斯福逆转

连夜从纽约赶往华盛顿的盖瑞和弗里克，又早早出门前往白宫与总统罗斯福共进早餐。让人意外的是，罗斯福几乎在一个小时之内就做出了批准收购的决定，这与人们印象中那个对资本充满警惕、对垄断绝不姑息的总统形成巨大的反差。幸好在他的自传中，罗斯福亲自讲述了与盖瑞和弗里克见面的前前后后，以及他做出这个决定的理由，并对他卸任总统之后人们对此次收购行动的抨击做出回应。

之后，我在某天晚上得到消息，美国钢铁公司的两名代表希望在第二天一早就与我会面，但并没有明确他们此番前来的具体目的。第二天我在用早餐时，就得知弗里克和盖瑞已在办公室等候。我立即赶过去。由于当时的司法部长波拿巴还没有从巴尔的摩赶过来（他在那里过夜），我就通知国务卿伊莱休·鲁特（Elihu Root）（他过去也是律师）加入我们的会谈。后者欣然应允。在本次会面结束之前，我当着这三人的面，如实根据弗里克和盖瑞所提的主张及我的答复，给波拿巴发送了一则会议记录——以免产生任何误会。我还在任时，这则会议记录就已经发布在一册参议院文献中。其内容如下。

司法部长阁下：

E.H. 盖瑞和H.C.弗里克先生代表美国钢铁公司前来拜访我。他们表示某家企业（但没告诉我企业名称，仅表示该企业在纽约商圈举足轻重）如果在本周不能得到援助，就必定会崩溃。该公司持有田纳西煤铁公司的大部分股票。这家公司请求美国钢铁公司收购这些股份，因为这是它唯一可以脱险的方法。盖瑞和弗里克先生告知我，如果只是一桩商业交易，他们根本不屑于收购这家公司的股份，因为这桩收购交易并不会给美国钢铁公司带来多少好处。他们也很清楚收购很可能会授人以柄，会有人攻击他们试图以垄断来遏制竞争——他们实际上绝无此心，而是担心会有人曲解他们的意图。

他们还告诉我，他们公司的政策是占有钢铁市场不超过60%的份额，过去数年他们一直奉行这个政策，目的就是防止被指控（垄断）。实际上，他们所持有的市场份额已经略有减少，以便令其低于60%的界限，因此收购这家公司所持有的股份虽然让这一比例超过60%，但他们认为努力阻止这场经济恐慌和产业崩溃，既符合他们自己的利益，也符合每个责无旁贷的企业家的利益，所以他们愿意达成这笔原本不会考虑的交易，因为那些对当前纽约形势最有判断力的业内人士认为，这笔交易很可能会成为阻止这场灾难的重要因素。纽约许多最可靠的银行家已经联合起来力劝他们达成这笔交易，这些银行家们现已加入挽回局面的队伍。不过他们也表示，如果我不批准这笔交易，他们就不会如此行事。我回答称自己当然不建议他们采取这个行动,但也的确不该对此提出任何有失本职的异议。

西奥多·罗斯福

华盛顿,白宫

1907年11月4日

波拿巴约在一小时内就收到了这个笔录,并在当天上午前来表示已经收到通知。他认为我给予了对方一个合理的答复,兼顾了法律和形势所需。他指出,法律绝不能为此让步,但我们也没有指控钢铁公司的充分理由。不过,我纯粹是自作主张地决定了这个事情,而此事的责任也全在我一人身上。

我私下了解了纽约发生的情况。所谓的"恐慌"意味着害怕,没有来由的害怕。若要平息这场恐慌,就有必要重振人们的信心。而当前唯一能够完全掌控人们对纽约信心的股票就是摩根股——不单是商人,大量手持小额投资或在银行和信托公司有少量储蓄的平民百姓也同样受到影响。摩根及其同伴当然也都在顽强地抵抗,以免这场信心危机和信任恐慌持续蔓延,导致其他大型金融机构土崩瓦解,因为这种情况很可能意味着一场影响更普遍的世界性的经济崩溃将接踵而至。纽约人信托公司已经倒下了,因为惧怕,另外两家大型信托公司也随之颤抖,人们开始大量挤兑。这两家大型信托公司现在正奋战在第一线,对这两者施以援手符合所有人的利益,因为这样就有可能挽回形势。众所周知,这两者中的一些显要人物持有田纳西煤铁公司的股票,但这些股票并没有市场价值,根本无益于缓解燃眉之急。而美国钢铁公司的债券却可以立即兑现,是全世界公认的超值债券——这就是当前的现状。弗里克和盖瑞的提议是，让美国钢铁公司立即收购田纳西煤铁公司，从而取代一部分虽然极具价值但在当前形势下根本派不上用场的股票（这些股票来自某些深陷泥淖的公司，但他们并没有向我列举这些公司的名称）。我必须在纽约股市开盘之前立即做出决定，因为当时纽约形势十分紧迫，哪怕耽搁一小时都有可能导致前功尽弃。我根据自己所掌握的信息判断（事实也的确如此），美国钢铁公司持有田纳西煤铁公司的资产，只会增加前者4%的市场份额，从原来占全国58%的市场份额增长至62%而已。根据我的判断，这个增加比例并不会改变钢铁公司的法定地位(不但司法部长同意这个说法，相信任何一个有能力的律师也都不会有异议)。美国钢铁公司过去几年减少市场份额的同时，生产一直稳健发展，现在它的市场份额已经比10年前减少了10%。

这一举措的重点在于维护公众利益。它是挽救恐慌的唯一对策，此举也的确平息了恐慌。正如我在上文书信中所述，我对弗里克和盖瑞的答复大意是，我无权干预，即禁止这项对挽回局面至关重要的举措。结果也证实了我的判断，这场恐慌就此平息，大众对受困公司的清偿能力立即恢复了信心。

我的这项决定对经济发展产生了重大作用，它的积极影响深远而持久，并不局限于当下。这种情况在南方表现最为明显。三四年后，我访问伯明翰时，我遇到的每一个有资格做证的人都毫无例外地主动向我表明，这项举措给伯明翰带来了极大的好处，从而推动了亚拉巴马州工业的非凡发展，其积极影响并不局限于经济领域，甚至还通过更替所有权的方式，惠及整个社会和工人群体。我的这一举措从各个角度来看都是有利无害的，当时采取的这一措施也是符合广大美国人民利益的必要之举。

如果我面临这场极端危机而不采取这个行动，那就是我的失职，也只能说明我是一个胆小怕事而不称职的公仆。每场类似的危机都很容易让人产生优柔寡断、不作为的倾向，因为我们总能为自己的不作为找到这样那样的借口，而主动应对却可能面临风险，招致诟病。但一个有担当的人就该履行自己的职责，给人民一个交代，从他们的利益出发，采取不违反法律的任何行动，从不考虑危机结束和脱险之后，人们可能就会攻击他的所作所为。

我在此事中的每一个举动都光明磊落，其中的细节也尽悉公之于众。报纸详细报道弗里克和盖瑞拜访我的情况，并对此次拜访的成果欢呼不已。在形势得到缓解，人们的欣喜平息之后，这一切又成了几乎稀松平常的事情了。令我惊愕的是危险也随之而来，人们居然也会对曾经助其脱险的人大加谴责。但我完全理解并且也已经料到，人们在好了伤疤忘了疼时，就会对我加以抨击。事实也的确如此，一年之后这种攻击就降临了，并且从那以后时不时就会现身，攻击我的人通常是那些极其低劣的政客。

如果我坐在帆船上，的确不应该胡乱摆弄船上的器械，但如果暴风突然来袭且主帆受困，帆船随时有覆没的危险时，我就会毫不犹豫地割断主帆，即便我很肯定船主无论当时如何感激我让他幸免于难，事后数周淡忘恐惧感后都有可能起诉我割断了他的绳索。不过，我会从内心鄙视如此行事的船主。

从罗斯福的描述中我们可以看到，他在不到2个小时的交谈里便了解了这桩复杂交易的前前后后，也许是被这笔收购中盖瑞和弗里克的难处所打动，也许是出于对"世界性的经济崩溃"的担忧，也许是迫于纽约股市开盘的时间压力，罗斯福做出了"不予干预"的回应。盖瑞一行人离开之后，罗斯福立即告诉司法部长这个兼并案是经过他批准的。离开白宫，盖瑞一行人三缄其口。白宫同样没有透露任何信息，只是承认本次会谈事关当前的金融局势。

罗斯福对这场危机的态度之所以会从 1907 年 8 月的一场"小雪"突然转变成全力救市，也许是因为纽约经济的基本面已经相当糟糕。纽约劳工部 1908 年 4 月发布的一份报告称，1907 年的劳动力市场原本就不容乐观，而 10 月份金融恐慌爆发后，劳动力市场迅速陷入严重萧条，几乎所有主要行业中失业人数都大幅攀升。1907 年年底，纽约州工会成员中，平均每 3 个人就有一个处于无业状态。这些工会代表着约 10 万名有组织的工薪族。面对如此严峻的经济形势，任何一位总统都会对所有的救市行动打开绿灯的。

虽然还没有得到司法部的确认，趁着纽约股市还没有开盘，盖瑞迫不及待地给珀金斯打电话。珀金斯一直对这个收购计划持反对立场，盖瑞劝他接受总统的好意。珀金斯赶在 9 点前宣布了这一消息。顿时，解燃眉之急的资金涌入股市，股价很快就开始重拾涨势。周一开盘前，没有任何征兆让投资人预期到纽约股市会表现不凡，价格反弹会如此强劲有力。眼看着市场逆转的迹象真的出现了，华尔街又惊又喜。

《纽约时报》观点版面的一位作者在题为"罗斯福总统的计划"的文中说，既然企业家对总统通过立法加强联邦政府控制的设想从最初的反对到现在的认同发生了 180 度的转变，那么总统对企业家的心态"是否也发生了一定的转变呢"？作者推测说总统应该从近期的金融动荡中发现这样一个事实——在他曾猛烈地公开抨击的人里，有一些表现出了对于服务公众利益的无私的热情，以极大的勇气、坚定和智慧克服困难，履行自己的公共职责。"罗斯福总统是一个非常有气度的人，一定会怀着同情和赞赏肯定这些人在过去两周内展现出的宝贵品质。我们几乎可以肯定这一点，而且在眼下的局面中，这种认可是非常重要的。”

夜里，盖瑞和弗里克先生返回到纽约，将此行的收获向摩根及同事们做了通报。一种传言说：美国钢铁公司对田纳西煤铁公司的收购价稍高于每股85美元，而不是一开始的100美元。

延伸

阅读

## 斜杠青年罗斯福

除了美国第 26 届总统这个辉煌的标签之外,罗斯福还是一位了不起的博物学家,对鸟类颇有研究而且博览群书。用今天的话说,罗斯福是一位真正的"斜杠青年"。罗斯福还是第一个获得诺贝尔奖的美国人。1906 年前,他因为成功干预日俄战争、说服双方和平谈判而获得诺贝尔和平奖。他对鸟类的研究有多专业呢? 在他卸任之后的 1910 年,罗斯福和全家一起来到酋长山,他在自传中写道:

"在回来的第一天晚上,我坐在走廊的躺椅上,眺望着海峡边日落的余晖。面向我这一边的山坡遍布密草,一直延伸到森林地带,我听到画眉鸟在那里悠闲地吊嗓子,诵唱着它们的晚课。无风的空气中徐徐传来了绿鹃和唐纳雀的啭鸣。夜幕降临后,我们还能听到同一片树林传来一只灶巢鸟飞翔时的歌唱。有只金莺在我们头顶垂枝的榆树上鸣啼,不时发出像过度发育的鹪鹩在扯着嗓子责骂的声音。北美歌雀和猫鹊在灌木丛中唱歌,我们房前屋后都有知更鸟筑巢,墙根下的紫蔓藤那里还有一个花栗鼠窝。在之后的 24 小时内,无论我是在房子周围,还是下楼洗澡,穿过树林,都能听到以下 42 种鸟叫声。

小绿鹭,夜鹭,红尾鹰,黄喙布谷鸟,翠鸟,北扑翅䴕,蜂鸟,褐雨燕,野云雀,红翅黑鹂,尖尾雀,北美歌雀,褐斑翅雀鹀,灌木雀(田雀鹀),紫雀,巴尔的摩黄鹂,鹁,知更鸟,画眉鸟,鸫鸟,猫鹊,猩红比蓝雀,红眼绿鹃,黄林莺,黑喉绿林莺,美洲食蜂鹟,绿霸鹟,乌鸦,冠蓝鸦,雪松太平鸟,马里兰黄喉地莺,山雀,黑白贴(行鸟),家燕,白胸燕,灶巢鸟,金翅雀,暮雀,蓝鹀,红眼雀,黄胸草鹀,鸣角(号鸟)。"

曾有人向罗斯福请教:"政治家应该读什么书?"罗斯福的回答是"诗歌和小说"。他解释说,不管是政治家还是改革家,不管是激进派还是保守派,都应该先了解人性,了解人的精神追求。这样,他们会发现"伟大而富有想象力的作家在此方面已经先行一步了,这一点已经体现在散文或者诗歌等文学作品中"。

## 恐慌中的一片血腥

距离纽约人信托公司关门停业已经过去整整两周。虽然是它推倒了第一块多米诺骨牌,但是在持续的恐慌中,人们已经淡忘了它的名字。直到11月4日的一声枪响,纽约人信托公司重新回到人们的视线中,人们才意识到它的故事还没有结束,前总裁查尔斯·巴尼的饮弹自尽,为这场危机平添了几分血腥。

《华尔街日报》非常克制地把讣告放到了第七版,罗列了巴尼的生平,唯一的引用来自巴尼法律办公室的官方声明。《纽约时报》却花了整个头版来写讣告,还用了几乎一整版来扩写头版的内容,并插入了一幅巨大的巴尼肖像。记者不仅深度挖掘了巴尼的逸闻趣事,还详细描述了巴尼的死亡过程:"子弹从他的肠子穿过,将其划成了数段,并且将他的左肺也撕裂了,最终永久地停留在他的左肩。"

对于巴尼的自杀原因有可能是财务压力的猜测，记者否认说，"即使巴尼先生的经济情况突然窘迫了，但这种窘迫只是暂时的，在偿还债务之后，他的个人资产依旧可以达到 252 万美元"。在排除了财务上的原因之后，记者认为导致巴尼自杀的终极原因是"悲伤"。巴尼的一个朋友告诉《纽约时报》："巴尼先生被同僚们对待他的残忍方式击垮了，而这才是他自杀的真正原因。过去的一个月是他最抑郁的时候，他的声音听起来就像从墓地里发出的。"另一位不愿透露姓名但熟知内情的人则说："巴尼先生一向处在社会的顶端，他无法忍受自己名誉扫地的事实。"记者也称巴尼是"一个灵魂不受污染的好心人"。

如果我们回顾一下这场危机中每个人的命运，巴尼和施莱的结局可以说是最令人唏嘘的，因为两人是如此相像，结局却有着天壤之别。他们都是摩根的老熟人，都曾经是华尔街的风云人物，也都是这场恐慌的受害者。风暴来袭的时候，他们都向摩根求救，但结局却截然不同。巴尼希望摩根出手救助纽约人信托公司，但是摩根没有出手，巴尼想见到摩根但是摩根拒绝见他，最终的结果是纽约人信托公司的关门和巴尼在悲伤中自杀身亡。相比巴尼的悲惨，施莱可以说是个幸运儿。他掀起了危机的波澜却成功脱身，而巴尼只是无辜地被卷入危机。让人意外的是，尽管在破产的边缘得到了摩根的救助并以不错的结局收场，施莱却在几年之后的国会调查中站在了摩根的对立面。

从残缺不全的记录中，我们很难窥见究竟是什么力量让巴尼和施莱的命运如此不同。从零散的报道中我们仅能够知道的是，在危机搅起漫天巨浪的过程中，从时间线上来看，巴尼和施莱处在完全不同的时间点：巴尼几乎处在此次危机爆发的起点，而施莱处在第二轮危机爆发的起点，相距的时间接近 10 天。相比巴尼，施莱的幸运在于人们对这一轮危机的严重性和危害性有了更切身的体验，对救助的重要性达成了更高的共识，因而他有更大的可能性逃出生天。另一个也许相关也许不相关的事实是，施莱欠了一屁股债。不仅他的公司债台高筑，他本人也负债累累。而且，他还欠摩根公司的钱，数额不小——100 万美元。而巴尼因为个人良好的财务情况，即便他自杀之后，他的资产仍然超过 200 万美元。

悲伤也好、绝望也好，这片血腥并没有引发更多的恐慌。从这两周的金融局势来看，最凶险的时刻已经过去。上上周末数家银行机构还面临的挤兑问题，到了上周末已经基本平息；由于无法兑现，被迫暂时关停的几家银行，上周也都逐渐采取措施尽快恢复、重新营业；总之，上周结束时，储户们已经以远超预期的速度恢复了冷静和信心，而这两样是应对恐慌最好的办法。

如果总结一下实质性的救市措施，首先是结算行凭证充分发挥了作用，美国几乎所有主要的交易中心、很多主要城市的银行之间都普遍使用结算行凭证，这样能够把真正的货币尽可能多地投放到市场上。其次是 60 天取款周期的新规定。这条规定出台之后，从上周开始，储户大规模地撤销了提款要求，之前有数千名储户要求兑现，现在只有不到 2000 人。增购黄金的消息也熨平了市场的焦虑。一周之内，美国从欧洲等地增购了价值不少于2600 万美元①的黄金；在货币主管的敦促下，各银行开始大幅增加货币发行；由于海外需求大幅扩张，美国生产的棉花和谷物大批加急送至港口，欧洲趁机以批量订货的折扣价购买这些农产品；此外，美国的投资者们从近期大型铁路和工业公司的股价波动中看到了赚钱的机会，小额投资者的炒股活动几乎达到了一个历史新高。在铜价下跌的刺激下，铜金属交易开始大幅反弹。人们推测说这证明了"目前的很多问题都是暂时的"。

好消息和坏消息纷至沓来：银行发行的货币还没有达到上限，预计还能再增发3 亿美元。财政部现在已经印好了超过2000 万美元的钞票，准备发行。全国各地的企业频频传出收缩和降薪的声音。整个金融界都盼望着明天的选举日假期。

---

① 在之前的报道中提到这一数字为 2400 万美元，但数字区别不大。见第七章"黄金增购与货币增发"一节。

第十二章

# 11 月 5 日星期二:
# 完美假日

## 收购的细节已经安排妥当

有人称摩根是"美国的国王"。这个国王最有特色的地方就是他的鼻子。有一次，一个俄国名流想游说摩根购买俄国战争债券，为了讨好他便向他推荐了一位柏林的整容教授。摩根说他知道这位教授，但他不想去做这个手术。因为如果真的做了，他就永远别想回美国了。"如果我带着一个整过容的鼻子回纽约，街上的每个孩子都会指着我的鼻子大笑。人人都认识我的鼻子，没有它我就无法出现在纽约的大街上。"

这一天，摩根频繁地出现在纽约的大街上。11 点钟刚过，在摩根图书馆里，就已经开始呈现出忙碌杂乱的迹象。到了 11 点半的时候，沿着整条大街，路边全都停满了汽车和马车。

按照摩根的要求，美国钢铁公司收购田纳西煤铁公司控制权的所有细节都一一得到落实。下午 3 点钟，摩根陪同夫人开车离开了图书馆。一小时之后，摩根又回到图书馆。他刚一回来，珀金斯就到了。之后，珀金斯又离开图书馆去了联盟俱乐部。下午 4 点钟刚过，摩根图书馆再次成为金融家的聚会地点。

傍晚时分，摩根再次离开图书馆。他先是到了联盟俱乐部。在那里，信托公司的 5 人委员会已经开了整整一下午的会，为消除救助美洲信托和林肯信托中的一些分歧做最后的沟通。接上珀金斯，摩根又去曼哈顿酒店短暂地拜访财政部长科特柳。据说摩根只是向科特柳问好，别无他意。科特柳本人也拒绝任何公开评论。在搭乘午夜的火车返回华盛顿之前，科特柳对记者的答复没有透露任何与此次金融危机相关的信息。

晚上 7 点半，摩根再次回到了图书馆。更晚的时候，美国钢铁公司的一位董事发表声明，详细披露了收购田纳西煤铁公司的细节：

今天上午的会议安排了收购田纳西煤铁公司控制权的所有必要细节。美国钢铁公司将收购田纳西煤铁公司半数以上的股份——稍微超过田纳西煤铁公司总股份的50%。至于具体超过幅度是多大，还没有明确地确定下来。这次收购安排将采用互换证券的方式进行，但是不涉及批准美国钢铁公司增发任何新的证券。因为拟发行的证券仅是美国钢铁公司现有库存中的债券。至于究竟是哪一种债券目前尚未确定，不过，总面额应当在1500万美元左右。

子夜时分，盖瑞又发表了一份正式声明，针对上述声明做了一些补充。大意是，在未来的 15 天之内，田纳西煤铁公司的小股东们仍可以按美国钢铁公司支付的收购价格转让其持有的田纳西煤铁公司股权。盖瑞说："收购了这宗财产，美国钢铁公司的产能将增加大约 2.5%，使其总产能增加到全美总产能的 60% 左右。我们相信，这项收购交易，对于美国钢铁公司，甚至美国的整个钢铁行业，都将大有好处。"

谈到昨天的华盛顿之行，盖瑞说："只要正当合适，罗斯福总统愿意尽其权力之所能，做任何有益于美国商业利益的事情。"虽然美国钢铁公司财务委员会已经签订了这项收购合同，但仍需报送董事会。董事会将于明天凌晨4点召开会议就此事进行表决。

## 接管两家信托公司

从危机爆发以来，在一场接一场马拉松式的会议中，最重要的是当晚9点钟在摩根图书馆召开的。之所以说它是最重要的，不仅因为其参会人数是最多的，而且它最终解决了所有的分歧，敲定了救助两家信托公司的具体计划，成为两周的救市行动中，真正终结所有麻烦的会议。

会议开始之前几分钟，人们三五成群地陆续步入了会场。晚上9点半，30多位银行家和美国钢铁公司董事们在摩根图书馆聚齐。而这次救助行动的总指挥摩根，直到9点50分才进入会场。

会议进行了一个半小时之后，人们看到林肯信托公司董事委员会到达了摩根图书馆，全体董事集体入会。又过了一个小时，除了依然留在联盟俱乐部的总裁索恩之外，美洲信托公司董事委员会也全体入会。

11点钟，就美洲信托公司同田纳西煤铁公司之间的关系，总裁索恩发表了一份声明：

美洲信托公司并不拥有田纳西煤铁公司的任何股份。美洲信托公司同相关的责任方之间有未偿清的贷款，田纳西煤铁公司只是以自己的股份作为质押，为这些总额为62万美元的贷款提供了担保。田纳西煤铁公司质押的股份足以充分地担保这些未偿还的贷款。

空寂的街道上，一辆华尔道夫酒店的马车穿过夜色，匆匆忙忙地来到摩根图书馆。从车里下来6名酒店服务员，他们端着好几个装满食物的大食盒和好几瓶咖啡，迤逦地送进了摩根图书馆。这是所有与会者的宵夜。

凌晨 12 时 30 分，守候在门口的记者们总算得到一点口风。大通国民银行（Chase National Bank）行长赫伯恩（Hepburn）走出摩根图书馆的时候对记者们说：两家信托公司都将会得到帮助。剩下的问题只是理顺托管委员会（Committee of Trustees）的操作细节。这也印证了索恩的朋友们透露的内幕：虽然星期天晚间的会议原则上商定了援助条件，但美洲信托公司的董事们不同意这些条件并且提出了一个新方案。解决这些有争论的问题，耽搁了各方两天的时间。

凌晨 3 点，纽约市信托公司集体决定向美洲信托公司和林肯信托公司提供援助，并接管两家的大部分股份。会议以一份声明宣告了他们的成果。

## 正 式 声 明

纽约信托公司委员会（Committee of Trust Companies of New York City）已经邀请专家对美洲信托公司和林肯信托公司的资产进行盘点审查。审查专家们报告：根据两家公司资产的当前价值判断，这两家信托公司全都具有充足的偿还能力，任意一家信托公司的资产都足以偿付其储户们的全部存款。

现在特做出如下安排：两家信托公司的大部分股份均将交由托管委员会予以控制。托管委员会的组成人员包括联合信托公司总裁金先生（Mr. King）、美洲信托公司总裁谢尔顿（Sheldon）先生、农民贷款与信托公司（Farmers' Loan & Trust Company）总裁马斯顿先生、曼哈顿信托公司（Manhattan Trust Company）总裁沃特伯里（Waterbury）先生和担保信托公司（Guaranty Trust Company）总裁卡斯尔斯（Cassels）先生。中部信托公司（Central Trust Company）总裁华莱士（Wallace）先生将在托管委员会中担任顾问。此外，一些必要的财务安排已经相应地完成，以保证这两家信托公司能够继续开展业务经营。

爱德华·金

托管委员会主席

经过漫长的 6 个小时的讨论、细节都一一敲定之后，会议终于在凌晨 3 点结束。这个时间点恰好给了媒体一点点的时间窗口来报道他们的决定，给了整个社会几个小时的时间来重启新的一天。从一开始的信托公司集体出资、借钱给两家受困的信托公司，到现在托管委员会接管两家公司的大部分股份，救助形式终于从为期三周的临时性方案过渡到具有确定性的救助方案。在这种情形下，用债务救助确实是不可持续的。因为债权人承担下行风险，而上行空间有限，如果用市场机制，要让其他信托公司有动力参与救助，就必须给出一定的股份，才能真正做到集体兜底。

黎明之前，所有的悬念都有了答案，所有的答案都摆在桌面上，持续三周的恐慌终于进入了消退的阶段。人困马乏，原本打算在 6 日凌晨 4 点召开的美国钢铁公司收购田纳西煤铁公司的董事会，推迟到了下午。

延伸
阅读

## 1907 年与1893 年的比较

　　以下内容节选自《纽约时报》1907年11月4日刊登的文章"期待及时雨缓解局势"（Prompt Measure Affordiing Relief: The Question of Business Contraction）。作者从美国的棉花产量、庄稼收成等方面比较了1907年和1893年美国发生的两次金融恐慌的不同。它提醒我们的一点是，媒体在分析1907年美国为什么能顺利从欧洲购买巨额黄金时，分析的视角是农业和农产品的进出口，而不是工业。另外，从中我们可以看出政府救市的组合拳：允许银行增发货币，财政部开动印钞机，释放大量债券来增加现金的发行。而这些做法有的是在之前金融危机的经验中逐渐积累的，有的是这一次的创新。就是在这样的过程中，人类应对金融危机的工具箱逐渐从简陋走向成熟，从分散化走向系统化。这也是研究救市的意义所在。

　　早年间，美国也经历过几次和过去两周以来类似的金融恐慌，1893

年的那次尤为严重。每一次的恐慌最终都以和这次基本相同的方式平息，但不同的是，这一次形势恢复得比以往任何一次都要迅速。1893 年，在货币紧缺时，美国也通过增购黄金来缓解恐慌，但这次仅上周一周从欧洲进口的黄金就比 1893 年黄金增购的总额还要多。此外，这次增购的黄金中，大部分到这周中就可以到位，各地银行就可以使用了。虽然在美国向德国和英国的银行购买黄金时，这些银行有趁机提高汇率之嫌，但最终只要美国有需要，就一定可以获取到黄金。媒体分析认为这主要归因于两个方面：第一，今年美国棉花产量为 1300 万捆左右，价值高达 6.5 亿美元，而1893 年，美国的棉花产量仅有 754.9 万捆，价值仅有 2.5 亿美元；第二，今年国外小麦歉收，而美国的收成有约 6.32 亿蒲式耳（1 蒲式耳 ≈ 36.3688 升）。而 1893 年，美国的庄稼收成仅有 4.6 亿蒲式耳。欧洲现在正在以几乎空前的规模购买美国的农产品，至于支付方式，只要美国要求用黄金支付，欧洲就只能用黄金支付。

比起 1893 年，美国现在还有一个利好因素，就是银行很有可能会扩大货币发行量。美国部分地区已经发生纸币溢价的现象了，纽约可能很快也会出现类似情况。1893 年也有这种现象发生，美国也采取了让银行增发货币的措施，但举措落实的速度太慢，新钞还没正式发行流通，基本上最大的麻烦都已经过去了，而且增发的幅度也很小。但这一次完全不同了。现在，银行发行的货币还没有达到上限，预计还能再增发 3 亿美元。财政部现在已经印好了超过 2000 万美元的钞票，准备发行。许多银行持有政府债券，作为政府存款的担保，而根据近期的规定，可以用其他类型的担保替代这些债券，这样这些债券就可以释放出来，从而为增发货币创造条件。货币主管威廉·里奇利（William Ridgely）表示，允许银行间自行达成协议，一家银行可以提取出政府债券，供另一家银行发行货币用。据说，本月末各银行共计将发行约 3000 万美元的货币，通过这种方式满足市场对货币的需求。在 1893 年，这些做法都是不可能实现的。

第十三章

# 11 月 6 日：充满
# 希望的一天

# 第一次按时下班

凌晨的一系列消息第一次让华尔街几近崩溃的神经放松下来。反映华尔街情绪和信心的所有指标都表明纽约的金融形势正在好转。记者们感慨说："在过去的几个星期里，在这场恢复经济信心的战斗中，那些承受着巨大压力、连续作战、一直奋斗在一线的人们，今天终于可以按时下班回家了。"

联合信托公司的总裁爱德华·金和托管委员会的几位委员一整天都在联合信托公司办公室里开会。实际上，联合信托公司已经成为林肯信托公司和美洲信托公司这两家公司的证券结算行。一整天里，装着质押担保票据的保险箱陆续不断地运到联合信托的银行室内。爱德华·金及其他的委员会成员没有发表任何声明，但是，看到这两家信托公司的出纳窗口都在迅速地偿付储户们的提款，华尔街甚感满意。

股票市场很自然地反映了这种转好的形势，所有股票都急剧地普涨。很多股票甚至急涨了多达 3 个点。股市开盘之前，一些客户涌到交易中心，以为保证金交易的禁令已经解除。可是经纪人依然谨慎行事。所有的经纪公司再一次地行动一致，尽可能地只使用现金进行交易。在纽约证券交易所，筹措资金的难度逐渐降低。到收盘的时候，市场情绪依然饱满。

美国钢铁公司的强劲涨幅也推动着整个股市走强。虽然空头在一天之内多次发起对美国钢铁公司股价的袭击，但是，股价经受住了考验。普遍而言，即便有些投资人仍然看淡市场，也没有过度做空。

一个喜人的迹象是借款利率的走势：刚开盘时，借款利率的报价一度高达 25%，但随后就降到了 15%。在全天交易中，大部分借款利率的报价为 12%，收盘时的报价为 15%。

华尔街本周主要谈论的一个话题是，所有或者绝大多数信托公司投入纽约结算行怀抱的可能性究竟有多大。纽约银行界已经有纽约结算行这样的行业联合组织，其价值已经在这次金融风暴中得到证实。人们认为这次金融风暴的一个教训是，信托公司也应该建立类似的协会，让它们永久地联合起来，或者干脆让这些信托公司加入纽约结算行，直接成为其会员。

下午，美国钢铁公司董事们召开会议，批准了公司财务委员会接管田纳西煤铁公司股票的行动。会后发布的公告非常简短：美国钢铁公司的董事会一致地批准公司财务委员会的行动。

虽然在当时，美国钢铁公司以债券换取田纳西煤铁公司的股票，完全是为了解决金融危机期间的流动性问题，虽然美国钢铁公司董事长一再声称，如果不是出于这个目的，从商业上他们根本不会考虑这个提议，但事实是，在解决了流动性危机的同时，美国钢铁公司完成了对田纳西煤铁公司的收购，并拥有了绝对控制权。这个收购虽然有力地终结了危机的进一步扩散，但在危机过后的几年里，这件事在许多方面比为期三周的金融恐慌更富争议。

这个行动有两个层面的意义：金融层面和商业层面。虽然行动的出发点是金融层面，但行动的终点是商业层面。金融层面的意义是短期的，商业层面的意义是长期的。但问题在于，在恐慌期间，这两层意义不是均等的，金融层面的意义远远大于商业层面的意义。时过境迁，当金融层面的意义消失、仅仅剩下商业层面的意义，而这种意义又是绝对的垄断，人们对大公司的愤怒就变得不可遏制。1909年和1911年，它两次成为国会的调查对象。在第二次听证会上，证人的证言与第一次截然相反，各方的回忆有很多矛盾之处，从摩根到罗斯福都成为人们批评的对象。到底真相如何，几乎无从知晓。这也成为对救市研究的一个衍生课题：救市是不可逆的，但是舆论是可以逆转的。当危机结束之后，当救市行动的短期意义消失之后，救市行动的长期意义是否仍然是救市行动的一部分，值得思考。

## 索恩的告白

上午10点钟，储户们和银行押运员已经在美洲信托公司营业厅门前排队等待提款。到营业结束的时候，虽然官员们没有透露这一天挤兑的提款额，但是他们估计大约兑付了100万美元的提款。这与最高峰时候的千万美元级别的提款量相比，大概算是回归正常区间了。

经历了这场严峻考验之后，下午总裁奥克利·索恩向储户和公众发表了一份全面的声明，阐述美洲信托公司如何赢得这场旷日持久的挤兑浪潮。

我觉得，现在这个时候应该是向我们的储户、股东和广大公众推心置腹、开诚布公地谈谈心思，说说实情的时候了。我自始至终都认为，我首先是我们储户的受托人，其次也是我们所有股东的受托人，而且自从我与美洲信托公司确立正式关系的那一刻起，我的一切行动都是出于一个渴望：公正诚实地履行这种受托人的职责。在几个月前，就有人警告过我，事实上是警告所有人，我们正在面临着财政紧张的危险。于是我们开始进行内部整顿，立即减少了对外贷款的规模，增加了现金储备。结果，在这次危机真的袭来之时，我们储备金的水平，大体上说，甚至超过了法定的储备金要求。事实上，我们手头上有这么多钱，甚至连一些精明审慎的银行界人士都曾建议我，把我们的一些现钱和活期借款转成定期贷款。

在这场暴风雨袭来之时，我确实也大吃一惊。谁也没有想到它的矛头竟然冲着我们美洲信托公司而来。到现在这个时候，再讨论为什么这场风暴是冲着我们而来已经没有什么意义了。但是，事实是：由于报纸大加渲染，公众的目光全都盯上了我们，这场挤兑风波最终发展成了一场持续不断的提款需求。

这次挤兑的规模之大、势头之猛，在整个银行业的历史上都是前所未有的。几天中，我们的进款额还是超过我们的付款额。但是，自从挤兑开始以来，我们总共已经偿付了3400多万美元的提款。

在整个紧张时期，我始终都对我们的经营事务进行最密切的审查。上星期六晚上，向美洲信托公司提供巨大紧急援助的那些银行机构任命了一个委员会。这个委员会由专家们组成，来我们公司检查我们的资产情况。这些专家们同我们公司没有任何利害关系，只是进行公正诚实的检查，向委派他们的那些先生们汇报检查结果。经过星期六整整一夜和星期天半天仔细的查账之后，他们最后发现，即使在目前市场价格处于低谷的情况下，我们公司也有足够的财力来偿付所有储户的每一美元存款，而且即使进行这样的偿付，我们的资本不仅完好无损，而且会有很大一部分的剩余。

我最终觉得，这种烁烁的目光应当照向美洲信托公司，应当披露其资产的价值，这归根到底反而将会对美洲信托公司有利。近来，关于美洲信托公司的各种各样的谣言一直在流传，现在终于真相大白：在我们这家公司中，既没有任何一位公司官员或者董事为了一己之利而滥用公司的资金，也没有任何一个官员或者董事在这家公司中有超过法定限额的贷款。同样，这家公司的总裁在这里既没有任何贷款，也没有任何一个同总裁有关联的公司在这里有任何的贷款。现在已经暴露得清清楚楚：按照良好银行业务的任何一项标准来衡量，在这场挤兑风潮刚兴起之时，我们这家公司的资产都是清白的，我们这家公司的资金储备也是充足的。无论在哪方面，我们公司的管理层受到的批评和指责都应该是公正的。在当前这种银根普遍吃紧的情况下，有时候，我们储户的提款量相当大。在任何一个银行业人士看来，能及时地付清这么大量的提款，就是一个足以证实我们业务经营的谨慎程度的确凿证据。我没什么需要道歉的。这些数字本身就胜过任何的雄辩。

有人说，在有些天中，我们支付储户提款的速度太慢。在回答这种质问时，我们应该指出的是，在审查和兑付储户们提交的支票时，我们每天都会发现，其中大约有25%～30%的支票都填写得不是很好，不太合格。有人根本不根据自己账户的余额多少来写金额，而是随意开出很多张支票，然后就直接交给别人去排队要求兑付。在这些排队者之中，有许多的人手里都握有一大把的支票。很显然，我们需要对每一张支票进行检查，以核实这些支票的账户余额。这自然就大大地延缓了我们的工作。在每一天中，我们兑付的支票数量至少有三四百张。

在这场灾难期间，纽约市银行界的同行们给予了我们巨大的帮助。假如我们不向他们表示由衷的感谢，我本人也会感到于心不忍。关于这件事情，在公众中一直都有不少误解。但是，这些误解都是完全不必要的。没有任何人要求我们公司的任何一位官员或者董事辞职，我们公司也没有被任何公司吞并。

很多品德高尚的绅士怀着无可置疑的责任心，已经同我们公司达成了一项协议。根据这项协议，我们的大部分股份将存放在他们的手中。他们将成为我们公司的有投票表决权的受托人，将作为我们公司的顾问委员会，同我们公司的董事会开展合作。

在金融史上，从来都没有一家金融机构像美洲信托公司这样为了生存而如此勇敢地进行奋斗，也从来都没有一家银行像美洲信托公司这样经受住了如此巨大的压力。

所有的迹象都表明危机已经得到控制，金融界弥漫着宽慰和喜悦的心情。一场持续三周的恐慌终于消退，但是它的余声依然在历史深处回响。

第十四章

**后　来**

# 11月：现金始终处于溢价状态

美国钢铁公司收购田纳西煤铁公司股票的细节逐渐被披露出来：它使用其票面利率为 5% 的偿债基金债券，以 84 美元的价格交换后者每股价值 100 美元的股票。11 月 8 日星期五，摩根公司已经收到了 2500 万美元的股票，而且最终几乎换取了田纳西煤铁公司的所有股票。此后，尽管由于美国大批量黄金订购合约导致欧洲金融市场动荡，尽管结算行会员银行的存款准备金缺口在 11 月一直都在扩大，11 月 23 日的缺口达到 5410 万美元，但是到这个月的最后一周，准备金的缺口开始缩小。这是大恐慌期间一个相当重要的信号。尽管整个 11 月期间，现金始终都处于溢价状态，但是，金融市场的局势在稳步好转。

英国央行在 10 月一次调息之后，在 11 月，一周之内两次调息，第一次上调 0.5 百分点，第二次上调 1 百分点，银行利率上调到 7%。这个利率是继 1873 年大恐慌之后的最高利率。在 1873 年大恐慌期间，英国银行利率最终达到 9%。10 月，德国央行已经将利率水平上调到 6.5%。11 月 8 日，德国央行进一步将利率上调到 7.5%。比利时央行和欧洲的其他

央行也都将利率上调到很高的水平。法国央行在 11 月 7 日将利率从 3.5%
上调到 4%。

11 月 17 日，美国联邦政府宣布进一步的救助措施。为了提供可以用
作银行票据担保的债券，招标增发总额为 5000 万美元、票面利率为 2%
的巴拿马运河债券，同时还决定依据《1898 年西班牙战争法》发行 100 万
美元或者必要规模的、票面利率为 3% 的一年期债务证书。

购买这些债券势必涉及从银行吸引大量资金，在当前的形势中，容
易引起市场动荡不定，这是政府在和金融机构争夺现金，因而受到了尖锐
的批评。最终，财政部做出让步，同意那些希望利用这种债务证书以增加
自己纸币发行量的银行留存 75% 的购买价格，只需向财政部支付 25% 的
款项。同时还宣布，如果巴拿马运河债券的购买中标者是国民银行，则准
许中标的国民银行留存 90% 的购买价格，用作联邦基金的存款。

11 月 18 日，财政部开始邀请金融机构针对购买债务证书提供竞标方
案。债券认购报告显示，11 月结束时，已认购的债券面额仅达到 1091 万
美元。随后，财政部长宣布，配售额将不会超过 1500 万美元。邀请金融
机构提交购买巴拿马运河债券的竞标方案的工作一直持续到 11 月 30 日。
当天，财政部宣布拟发行的巴拿马运河债券基本上都已经被超额认购，但
是，最终仅发售 2500 万美元的债券。使用债券作为抵押担保的流通银行
票据总额在 11 月增加了 4742 万美元。在 10 月和 11 月两个月期间，黄金
进口合约总额接近 1 亿美元，而到达纽约交易中心的黄金进口金额大概超
过 5800 万美元。

法国央行在英国伦敦大手笔购买英镑汇票，将用于购买这些英镑汇
票所需的黄金运送到伦敦交易中心，同时还不惜支付极高的 6‰ 的溢价释
放黄金，直接装运到美国。人们认为，法国释放黄金运往美国的行动是
摩根先生努力的结果。摩根通过他在法国巴黎的分行完成了这项行动。大
量的货币从纽约交易中心运往内陆州郡，这些州郡的乡村银行以 3% 的溢

价在纽约交易中心大批量地购买任何形式的现金，比如黄金、白银或者纸币。一系列增加货币供给量的手段最终降低了购买货币需要支付的溢价。

在 11 月的大部分时间里，证券市场持续疲软不振，各类股票的价格普遍出现跳水，直到接近月末的最后几天才逐渐地止住跌势，随后明显地反弹，呈现出恢复的趋势。小额股票交易非常广泛。据报道，几乎所有知名的铁路公司都采用小额的方式进行股票转让。交易数量之大，频繁程度之高，以至于出现了不得不夜以继日地工作，甚至需要添加人手来帮助处理这些交易的局面。然而，这些繁忙的交易却并未能遏止股票价格逐周下滑的步伐。债券市场同样也是如此。很多准投机等级的债券同样严重暴跌，价格缩水的程度不亚于股票。

上半个月，如果销售价格不进行深度的打折，即使是金边债券也不可能有任何销路。坊间还谣传，很多较高等级私募债券的成交价格都远远低于纽约证券交易所历史上的最低价格。11 月 18 日星期一，纽约证券交易市场的开盘价比上个交易日（即星期六）的市场收盘价高出了 3～4 百分点。这次市场高开的原因是财政部长科特柳宣布将采取更多的救市措施。但是，正如上一次的市场反弹一样，本次市场恢复同样也只是昙花一现，很快就消失殆尽，随后再度转而下行。但是，在接近月底之时，市场再度开始普遍恢复涨势。这次似乎和以前的市场反弹有所不同：范围广泛，不仅是股票，还扩展到债券，而且持久稳定，似乎完全是源于改善的货币与金融形势。

## 12 月：宏观形势显著好转

1907 年 10 月 22 日爆发的货币危机几乎导致金融机构完全瘫痪。危机来得如此突然和猛烈，1907 年最后 10 周有不少银行倒闭是必然的。当然，这场危机很快就被化解，一度关停的部分金融机构迅速恢复。在大部分情况下，金融机构最终都清偿了对储户的全部欠款。

黄金进口和黄金订购仍在继续，但交易的规模有所减小，现金的溢价在逐渐减小，到了本月结束时已经消失。美国形势好转在国外也产生了有益的影响，公开市场的贴现率在逐渐缩小。纽约结算行会员银行的法定存款储备金缺口每周都在缩小，11 月 23 日，储备金缺口是 5410 万美元，到了 12 月 28 日，这个缺口已经减小到只有 2017 万美元。在这 5 周期间，结算行会员银行的货币持有总额在稳定增加，从期初的 2.16 亿美元增加到期末的 2.43 亿美元。政府在全国银行中的存款额也在稳定增加，从期初的 2.37 亿美元增加到期末的 2.57 亿美元。由于发行巴拿马运河债券，财政部的货币持有总额从期初的 2.65 亿美元增加到期末的 2.75 亿美元。星期六，12 月 28 日，纽约市的一些银行接到通知，希望它们能够提前返还前几个月中政府存款额的 10%。国民银行纸币发行额从 6.1 亿美元增加到 6.4 亿美元。12 月期间，到达纽约市的进口黄金总额大约 3800 万美元。在长期拖延之后，美国货币监理官终于呼吁报告国民银行的状况，银行业监管员也呼吁所有的州银行和信托公司恢复经营状况的正常披露。从公布的数据来看，金融机构的实力和稳健性都令人放心。

12 月 11 日，罗斯福总统重申了三年前他在选举之夜做出的声明：在任何情况下，他都将不会竞选连任。纽约州州长休斯在上个月任命一个银行业务顾问委员会（Advisory Banking Committee），负责就修改纽约州银行业法律条例提供建议。该委员会在本月公布了其建议。针对信托公司储备金一事，委员会提交了一份包含两种意见的报告。占多数派的报告建议：曼哈顿区的各个信托公司都应当维持 25% 的存款储备金，其中，库存现金量占 15%，在其他银行或者信托公司中的存款量占 10%。由信托公司代表们提出的少数派报告则辩称：在居民人口超过 80 万人的城市中，信托公司的法定储备金占到所有活期存款的 15%，再加上信托公司资本投资的储备金及 10% 的担保资金就足够了。

在铜业交易市场，铜的价格大约在 13.5 美分，铜市场需求没有任何复苏迹象。

无论是在单只股票的价格走势方面，还是在不同时间整个市场的价格波动方面，股票交易市场都没有任何规律性。在 12 月的最后几个交易日，市场显著地走强，交易活跃度也大幅增加。整个 12 月期间，下跌股票的数量少于之前两个月。

结算行会员银行的存款准备金缺口在减小，结算行会员银行货币持有总额在增加。本月银行存款总额在减少。11 月 30 日，银行存款总额是 10.8 亿美元，到了 12 月 28 日，银行存款总额减少到 10.5 亿美元。在 12 月的 4 个星期中，银行贷款总额同样也在减少，11 月 30 日，银行贷款总额是 12 亿美元，到了 12 月 28 日，银行贷款总额减少到 11.5 亿美元。

## 一年以后

一年之后的 11 月 6 日，《经济学人》（*The Economist*）的主编在哥伦比亚大学发表题为"1907 年危机期间的伦敦货币市场"的演讲。说到当时全球的金融中心，他认为只有伦敦是全球金融中心。理由是在国际金融市场上，只有伦敦的钱才能随时兑换成任意数量的黄金。如果在巴黎用货币兑换贵金属，可能没法全都换成黄金，一部分价值只能兑换成白银；柏林是一个无底洞，黄金只进不出；纽约相对闭塞，而且往往无法立刻兑现；阿姆斯特丹太小了；加尔各答根本就没有黄金；维也纳和柏林类似；东京则太穷了。所以，从国际货币的角度来看，在这些城市即便有钱也无法直接兑换成黄金，还是需要先把钱转移到伦敦的货币市场上。

在讲述去年危机期间的英国央行时，他说："去年秋天，英格兰银行把利率抬高到了 7%，从 17 个国家提取了黄金。法兰西银行的黄金储备开始流向英国，长期藏在欧洲各个角落的各类金币也开始聚集至此，好多来自意想不到的地方，比如斯堪的纳维亚、荷兰、奥地利等，价值高达几百万英镑。最终，我们运送至美国的黄金远远超过了美国实际需要的数量，美国人也开始头疼了。"

在金融危机期间，美国对英国发行了不少金融票据，英国央行对这些票据的贴现进行了严格的限制，显得对美国的融资需求既不够慷慨，也不够大度。主编在和一票"颇具远见的美国金融家"讨论了"怎么看待伦敦在危机期间的作为"之后说："我本人和大多数英国人一样，不太支持这种新型票据的使用，因为美国金融家发行这种票据就是为了把欧洲的黄金引流向美国。这些票据本身没什么问题，但是当时经济收缩得非常厉害，也难怪英国很多传统的金融家不待见它们。"

1907 年的金融危机之后，美国国会开始考虑联邦政府是否应该更积极地管理国家的货币供应。在当时的国家银行时代，市场对流动性的需求时常会超过纽约银行机构所能提供的，因此银行系统总是遭遇周期性的恐慌。恐慌期间，利率一般会飙升，股市往往会暴跌，大量的银行倒闭，经济萎缩。汲取大恐慌的教训，国会成立了国家货币委员会（National Monetary Commission）。在该委员会的建议下，美联储成立并于 1914 年开始运行，标志着始于 1865 年的国家银行时代的终结。

对于这场金融危机的原因，当时人们普遍认为是货币缺乏弹性。货币需求增长会导致对流动性的需求上升，但没有哪种机制或机构可以迅速满足对流动性的需求。在美国金融历史博物馆举行的纪念大恐慌一百周年的演讲中，讲到美联储的成立之初的动议，米什金教授这样说："美联储的设立，为这个国家提供了一个这样的机构——有能力扩大货币供应量，从而将利率的季节性波动消除殆尽，以减轻这种波动可能给金融系统带来的压力。"

但当人们对央行的作用、对货币政策的理解逐渐加深，100 多年后，人们对央行的定位有了更清晰的看法，即美联储的核心作用是金融稳定。

"美联储希望维持金融稳定主要不是因为关注金融市场运作，也不是为了救济投资者或金融机构，而是因为只有金融系统保持稳定，宏观经济才能保持坚挺。"

# 第十五章
## 诀别与重逢

# 摩根国会做证

　　1912 年 12 月 19 日，摩根和律师昂特迈耶进行了一场尖峰对话。"华尔街的拿破仑"不得不坐在证人席上接受聆讯，他被视作近来操纵所有金融兼并活动的幕后人物。这些对话中的一部分内容发布在《普约报告》之中。报告的第三章"货币和信贷的集中控制"专门披露了针对货币托拉斯的调查情况。报告直指大恐慌期间民间救市的核心力量：摩根执掌的摩根公司、贝克执掌的第一国民银行和斯蒂尔曼统帅的国民城市银行这三家银行，凭借其所拥有的金融资源，在经济层面展现出令人震惊的控制力。仅就人们已知的数据，这个银团在纽约市能够控制或者影响的银行资源总额超过 20 亿美元。此外，摩根公司通过有表决权的信托绝对地控制了银行家信托公司和担保信托公司这两家信托公司。由上述 5 家金融机构组成的银团，合计在 110 个较大公司中拥有 150 个董事席位。如果从行业来看，在金融、铁路、生产和贸易、公用事业这四大行业，该银团对商业实体的渗透力相当令人震惊：

- 在34家银行和信托公司中拥有118个董事席位，这些银行和信托公司合并拥有资金总额26.79亿美元，存款总额达19.83亿美元。

- 在10家保险公司中拥有30个董事席位，这些保险公司合并拥有资产总额达22.93亿美元。

- 在32家交通运输系统公司中拥有105个董事席位，这些运输公司合并拥有总市值117.84亿美元，经营线路总里程（不含快运公司和汽轮公司的运输线路）达15.02万公里。

- 在24家生产与贸易企业中拥有63个董事席位，这些生产与贸易公司合并拥有总市值33.39亿美元。

- 在12家公用事业公司中拥有25个董事席位，这些公用事业公司合并拥有总市值21.50亿美元。

　　总体情况是，这个以摩根为核心的银团在112家公司中拥有341个董事席位，这些公司合并拥有资金总额（或者市值总额）222.45亿美元。而当时的纽约证券交易所的市值总共也才265亿美元。其中：摩根公司的高管在47个较大公司中拥有72个董事席位。纽约第一国民银行的高管和子女在37个较大公司中拥有46个董事席位。纽约国民城市银行的高管在26个较大公司中持有32个董事席位。报告不仅通过文字描述，还制作了大量详细的图表展现出这个银团对美国商业版图的控制程度。

　　以铁路为例，该银团控制的几家铁路运输公司掌管着美国无烟煤生产和运输的绝对控制权：无烟煤产量的80%由它们运输，它们拥有或者控制整个无烟煤矿区88%的储量。其中包括在听证过程中昂特迈耶提及的雷丁铁路运输公司，报告中对这家公司的定义是它是"摩根公司的产物"。

　　在这一天做证过程中，摩根经常向合伙人亨利·戴维森咨询。戴维森本人也作为证人接受国会的聆讯调查。

从有攻有守的问答中，我们可以看出的一点是，摩根想要揭示的是，在复杂的商业世界，诸如个人控制之类的事情是不存在的。在宏观层面，一个人再有权势也无法控制货币和信用。在微观层面，董事和股东如果没有控制权，也很难推行自己的主张。但在当时，这些商业知识对大众来说像一座迷宫一样无法理解。即便是专业人士，如果不熟悉商业运行机制，也没有能力鉴别和判断。另一个障碍是，人们无法理解复杂金融体系的运行方式，对其中的缺陷更是一无所知，根本无法了解摩根在 1907 年恐慌期间所做出的努力和行动。听证会上，律师一直试图让摩根承认他是一个有巨大权势来控制美国货币的人，一个一手遮天控制钢铁行业竞争的人，一个巧取豪夺控制美国煤价的人，进而攻击他。这是一个深刻的教训。

在询问摩根在美国钢铁公司在收购方面所扮演角色时，证词如下：

昂特迈耶：同样的政策是否会规定收购竞争对手的行业，然后把它们整合在一起？

摩根：不，以美国钢铁公司为例，今天我什么也不买。

昂特迈耶：我知道，那是因为你现在已经有了足够的力量，拥有非常强大的控制力，不是吗？

摩根：不是的。

昂特迈耶：为了成立一家公司，你确实参与收购竞争对手，不是吗？

摩根：不，我买下它是为了拥有一家自己可以生产各种钢材的公司。

以下内容译自 1912 年 12 月 20 日的《旧金山来电》（*The San Francisco Call*）。

## 摩根阐释金融之道

### 昨日在货币"托拉斯"调查会上，纽约银行家向议会委员会做证

### 精彩证词中援引的巨额金融交易中的人员认同他的见解

### 公众总会伺机投机

### 你无法阻止人们低买高卖，追逐利润

### 针对变化进行卖空并不罕见

### 伟大的银行家自己从未这样做过，但是认为即使实际上有人这样做也并没有什么害处

昂特迈耶问道："……铁路方面的形势，难道你们不清楚吗？"

摩根答道："我认为我们不清楚。就算有人清楚，至少我不清楚。"

### 没有意识到有什么权势

昂特迈耶问道："你完全没有意识到自己在这方面的权势吗，真的一点儿都没有意识到吗？"

摩根答道："是的，先生。即使在这方面我真的有什么权势的话，我也没有感觉到自己拥有这种权势。"

昂特迈耶问道："你不觉得自己在这个国家的任何工业部门很有权势，是不是？"

摩根答道："不，一点儿都不觉得自己有什么权势。"

昂特迈耶问道："难道你也不想谋求这种权势吗？"

摩根答道："不，我也不想谋求这种权势。"

昂特迈耶微笑地问道："这次各种体制、行业和银行的合并不是为了集中利益吗？"

摩根回答道："不是，先生。不是为了集中利益。"

昂特迈耶问道："但是你们进行产业合并不正是为了集中利益吗？"

摩根答道："不是为了集中利益。但是如果是对国家有益的事，我就会去做。"

昂特迈耶问道："但是，摩根先生，如果一个人的生意非常兴隆，他是不是就可能下意识地认为这个生意是符合国家的利益的呢？"

摩根答道："不会，先生。"

## 个人利益放在次要的位置

昂特迈耶继续问道："你认为不论是否涉及自己的切身利益，你都能同样公平公正地看清自己的利益所在，是吗？"

摩根回答道："正是如此，先生。"

昂特迈耶问道："你始终都是按这个假定行事的，是不是？"

摩根答道："是的，我始终都是的。"

昂特迈耶问道："当然，你的判断也可能有出错的时候，是吧？"

摩根答道："嗯，我的判断可能是错误的，但是，我不认为如此。"

昂特迈耶问道："是不是有可能愿望会决定你的想法？"

摩根答道："我没明白你的问题是什么。"

昂特迈耶问道："就是说，你想要进行产业合并的愿望，会不会让你相信产业合并引起的更大的利益集中不会给国家带来损害？"

摩根答道："我不认为。"

稍后，昂特迈耶又涉及货币控制的问题。

昂特迈耶问道："要控制信用就需要控制货币，对吗？"

摩根答道："不对。我认为货币是银行业务的基础。"

昂特迈耶问道："但是，银行业务的基础是信用，对吗？"

摩根答道："银行业务的基础并不总是信用。信用只是银行业务的一种表现，但信用并不是货币本身。货币只有黄金。除此之外，其他东西都不是货币。"

昂特迈耶从接下来的讨论中得出这样的事实：少量的货币支撑起庞大的信用上层建筑。

昂特迈耶问道："假如你控制了纽约市所有银行的所有资产，那么你也就控制了货币，所有的货币。"

摩根答道："不对，你控制不了那些货币。"

昂特迈耶说道："假如一个人控制了一个国家的信用，那么他也就控制了这个国家的一切。"

## 货币是无法控制的

摩根反驳道："他可能会有这种想法。但是他不会有钱。假如他有信用，而我有钱，那么，他的客户就倒霉了。"

摩根再次地断然地表明，货币是没法控制的。他还说很多人并没有什么钱，但是却很有信用。

昂特迈耶问道："难道还不是因为人们相信这种人最终会有钱吗？"

摩根答道："不是这个原因，先生。而是因为人们信任这个人。我就遇到过这样的事情：有个人来到我的办公室，我知道他连一文钱都没有，但是我仍然给了他一张100万美元的支票。"

摩根进而更详细地谈了谈自己对产业合并和产业集中的看法。摩根重申虽然自己主张行业合并和合作，但是却并不反对行业竞争。

摩根这样说道："假如你没有控制权，你就什么事情都做不成。"

昂特迈耶问道："这就是你想要控制一切的原因吗？"

摩根反驳道："我什么都不想控制。"

昂特迈耶问道："一个人不可能垄断货币吗？"

摩根答道:"不能,或者说不能控制货币。"

昂特迈耶问道:"他可以试一试吗?"

摩根答道:"不能,先生。这一点,他做不到。即使全基督社会的所有货币都归他所有,他也无法控制货币。"

## 信用是难以捉摸的精灵

昂特迈耶问道:"假如纽约的所有银行都是你的,这些银行的所有资源全都归你,那么是不是你就基本控制了信用?"

摩根答道:"不可能,先生。不可能控制信用。"

昂特迈耶问道:"假设你拥有所有的银行和信托公司,或者说,你控制所有的银行和信托公司。有人想开办一个钢铁企业,同美国钢铁公司竞争,但是需要一大笔资本。这是一个很不错的生意。纽约市是筹集这笔资金的最好市场,是不是?"

摩根答道:"是的,没错。"

昂特迈耶问道:"我想知道的是,假如是你控制了所有的这些银行。某个竞争对手,或者更准确地说吧,准备进行竞争的潜在的竞争对手来了,那么,这个竞争对手能不能在你控制的这些银行里筹集到资本呢?"

摩根答道:"是的,他能筹集到资本。"

昂特迈耶说道:"假如是别人控制这些银行,很可能他们的想法和你不一样。"

摩根答道:"假如是这样,那么,他就没法控制这些银行。"

昂特迈耶问道:"这是你的观点。你的意思就是说,在一个人有很大的权势时,比如像你那样有权势时——你承认自己有那样巨大权势,是不是?"

摩根答道："这个我不清楚，先生。"

昂特迈耶问道："你承认自己有巨大权势，是不是？"

摩根答道："我认为我没有巨大的权势。"

昂特迈耶问道："你根本感觉不到自己有巨大的权势？"

摩根答道："没错，我一点儿都没有觉得自己有巨大的权势。"

昂特迈耶问道："嗯，假设你有巨大的权势。你的意思是，假如一个人滥用自己的权势，那么他就会失去这种权势吗？"

摩根答道："是的。而且也不会再重新获得这种权势。"

昂特迈耶问道："那么，你能不能举个例子，在你记忆里是不是曾经有过这样的人，拥有巨大权势和控制，却因为滥用自己的权势，结果失掉了权势？"

摩根答道："没有。我只是根据经验觉得滥用权势就会丧失权势这个道理的。"

昂特迈耶问道："经验，你本人的经验吗？"

摩根答道："不是的。我指的是拥有其他东西的经验。我想要说的意思是，至少在这个国家，控制这个问题是个私人的问题。就像货币一样。"

昂特迈耶问道："你是不是发现在这个国家的历史上有过很多这样的例子：金融界人士拥有巨大的控制权，长期地滥用这种控制权，最终丧失掉这种控制权？"

摩根答道："这样的例子也不局限于某一个行业，更没有一个人具有你所说的货币托拉斯或者类似的控制权。"

## 控制可能会被滥用

昂特迈耶问道："你承认有人可能会控制和垄断铁路或者商业企业

而据此滥用自己的特权吗？"

摩根答道："是的。"

昂特迈耶问道："你认为，说到控制信用，这样的事情人们却做不到吗？"

摩根答道："或者货币。没错。人们无法控制信用。"

昂特迈耶说道："我们又回到控制纽约银行和信托公司这个问题上了。你是否认为在纽约让银行和信托公司自由竞争比将这些银行集中化要好一些？"

摩根答道："我当然愿意市场上有竞争。"

在确认摩根公司的员工在许多铁路和工业企业中持有大量的表决权信托之后，昂特迈耶问道："假设你持有美国各大铁路系统的表决权信托，那么，美国铁路系统的控制权就集中到了你手里，对吗？"

摩根答道："是的，但是实质上是集中到董事会的手中。每家公司的董事会都不一样。"

昂特迈耶说道："在有些情况中，每家公司的董事会几乎都是一样的。"

摩根答道："不是的，先生。任何两家公司的董事会从来都不一样。"

昂特迈耶说道："就拿纽约市各家银行来说吧。你了解你们在各银行中的董事们都是谁吗？"

摩根答道："据我了解，但是我们的董事相对所有的董事会成员来说是很小的一部分。"

昂特迈耶问道："但是，你派到各家银行任职的董事都是同一批人，你有没有觉得这样会让控制权高度集中，很危险？"

摩根答道："不，先生，我一点都不觉得有什么危险。"

昂特迈耶问道："竞争性的企业原本就应该自由竞争。你认为这些企业应当有同一个董事会吗？"

摩根答道："当然不应当。"

昂特迈耶问道："你认为他们应当在每个董事会中都占有过大的影响力吗？"

摩根答道："我不认为。"

昂特迈耶问道："让同一帮人了解彼此是竞争关系的企业的运营，你认为这样没有什么不妥吗？"

摩根答道："他们不是去了解企业的运营的。"

昂特迈耶问道："但是董事有责任了解他所在银行的情况，不是吗？"

摩根答道："但是一般的董事不会了解。他看不到公司的账目。"

摩根坚称，只要这些董事都不是董事长级别，对董事会就没有实际的控制力，同时在几个公司任职的董事们也没有权力。

## 董事们没有权力

摩根："假设有3个银行，你把3个董事都安插到每个银行里。如果一家银行有25个董事，他们3个人在这家银行董事会中的占比就是3/25。在另一家银行里，有20个董事，他们3个人在这家银行中的占比就是3/20。而在另一家银行中，有10个董事，他们3个人在这家银行中的占比就是3/10。"

昂特迈耶说道："但是，假设你能任命所有其余的董事呢？假设你拥有有表决权的信托，那么依据表决权信托所赋予的权力，就像在担保信托公司（Guaranty Trust）和银行家信托公司（Bankers' Trust）这两个例子中，你不就任命了整个董事会吗？"

摩根答道："我现在所说的不是有表决权信托的情况。我现在讨论的是董事的问题——3 位董事在3家、4家或者10家银行中任职的问题。我是说，这3位董事——我也曾经在许多的银行和公司任过职务——我不认为任何人进入这些董事会以后，包括我自己——为了描述清楚，就拿我自己举例吧。我是说，如果我跟其他董事们在一个议程上意见向左，我不会有任何能力推动这个议程。"

昂特迈耶问道："你要说的就这些吗？"

摩根加重语气地答道："远不止，我可以举出很多实例来证明我的观点。除非你任命所有的这些银行中的大多数董事，否则就你不可能有控制权。"

在此前的证言时，在昂特迈耶的追问中，摩根讨论过 J. P. 摩根公司的员工在多家银行中担任董事。

昂特迈耶问道："你不关注这些银行的管理细节吗？"

摩根答道："不关注。"

昂特迈耶问道："你公司中有人关注这些银行中的管理问题吗？"

摩根答道："有人会关注。"

昂特迈耶问道："正好了解这类业务的人吗？"

摩根答道："是的。"

昂特迈耶问道："你公司的员工在这些机构里任董事，所以你会尽一切力量保护这些机构吗？"

摩根答道："我们对此不会太在意。他们自己关注自己的事情。"

昂特迈耶问道："为什么你公司的员工——有时候是两个，有时候是三个——要在这些机构中担任董事呢？"

摩根答道："因为我们在这些机构中有大量的利益要保护。"

昂特迈耶问道："为了保护这些大量的利益，难道你们会尽量保护这些银行吗？"

摩根答道："一点儿都不。"

昂特迈耶问道："担任董事会占用你合伙人的时间吗？"

摩根答道："是的，这一点我已经说过很多次了。占用的时间太多了。"

昂特迈耶问道："但是，他们仍然在这些银行中担任董事是不是？"

摩根答道："是的，他们仍然在这些银行中担任董事。"

昂特迈耶问道："在他们担任董事时，我想他们会尽最大努力来促进这些机构的繁荣，对吗？"

摩根答道："是的，我希望是如此。"

昂特迈耶问道："这是在这些机构中担任董事的职责所在吗？"

摩根赞同地说道："没错，这正是他们在这些机构中担任董事的职责所在。"

两人在有关持有公司股权的"表决权信托"的权力和特权这个话题上进行了长时间的讨论。在此过程中，昂特迈耶证实了摩根公司的员工们多年以来持有一系列的信托。

## 表决权信托的特权

昂特迈耶问道："在表决权信托期满后，董事会会有重大的变化吗？我是说除了董事死亡另选董事，补足空缺这种变化之外，董事会在组成上还会其他变化吗？你有具体的例子吗？"

摩根答道："我认为很少发生这种变化。"

昂特迈耶问道："你认为，一般来说，在董事会构成上来说，不会有重大的变化吗？"

摩根答道："是的，他们一般来说对他们的表现很满意。"

昂特迈耶问道："你说的是谁满意？"

摩根答道："股东们对董事会很满意，先生。"

## 股东几乎没有发言权

昂特迈耶问道："在持股分散的机构中，不满意的股东可以成功地改变机构管理层。在这个国家企业历史上有过这样的例子吗？"

摩根答道："我现在不记得是不是有过这样的例子。"

昂特迈耶问道："和其他国家不同，在美国，你很难让股东们主动干预自己持股的公司，情况是这样吗？"

摩根答道："没错，情况正是如此。这也正是表决权信托为什么很可取的一个原因。"

昂特迈耶问道："这是那些重组公司的金融界人士的家长式作风的原因吗？"

摩根答道："从重组公司这件事情来说，这正是金融界人士的家长式作风的原因。我们只有采用这种方式，公司才能得到保护。"

摩根让昂特迈耶阅读法庭记录中一份关于雷丁铁路公司（Reading Railroad）表决权受托人在1904年将公司交还给股东们时发布的报告。

昂特迈耶查看了报告中的数据，这些数据反映了表决权受托人给雷丁铁路公司带来的繁荣。

## 煤炭价格未知

昂特迈耶问道："煤价上涨了多少？"

摩根说他不知道上涨了多少。

昂特迈耶问道:"你不知道为了实现这种业务繁荣,雷丁公司把煤价上调了多少?"

摩根答道:"我不清楚这个价格是多少。我的观点是,在大公司发展初期,表决权信托是必要的,是为了保护这个公司。"

## 不是控股

"表决权信托不是控股,"摩根说,"不是需要持续关注的投资。"

摩根和昂特迈耶开始详细地讨论结算行的问题,还有政策监管的可能益处。摩根先生倾向于认为结算行成员银行有权决断是不是接纳其他机构加入结算行协会。他说自己是根据借款人的人品决定是不是向其放贷。

昂特迈耶问道:"在证交所,你是这样进行放贷的吗?"

摩根答道:"正是这样放贷的。"

昂特迈耶问道:"在你把钱送入证交所贷款柜台的时候,你知道这些钱会贷给谁吗?"

摩根答道:"我很快就会知道的。如果是贷款给某位史密斯先生,而我并不信任他,那么我就会取消这笔贷款。即使他使用政府债券做担保,我也要取消这笔贷款。"

## 不了解具体运作

摩根先生说,自己对纽约证券交易所的具体业务运作并不太了解。

昂特迈耶问道:"你不认为交易所中的报价应当反映真实的交易吗?"

摩根答道:"我认为它们应该反映真实的交易,但是我对那儿的实际情况不太清楚。"

昂特迈耶问道:"你认为市场操纵算是真实的交易吗?"

摩根答道:"不。"

昂特迈耶说道："那样做也不合法。"

摩根答道："是的，我同意。"

他还说，他认为绝大多数的证券交易所管理者都认为市场操纵是一个危险的行为。他知道纽约证券交易所的交易量是流通证券的30或40倍。这种情况在所难免。假使他买入股票，假如股价涨到足够高的水平，他可能也会把股票抛售出去套现。

摩根去世之后，人们好奇他的遗产之巨。据披露，不算他收藏的艺术品，摩根个人的资产仅有6000万美元。一位富豪听到这个数字摇着头说，他几乎算不上是真正的富豪。

## 再后来：诀别与重逢

大恐慌直接催生了美联储的诞生。在戴维森的劝说下，斯特朗放弃成为摩根公司合伙人的机会，而是投身公职，成为纽约联邦储备委员会的第一任主席，也是事实上的第一任美联储主席。而戴维森却告别银行业，毅然投身慈善，成为国际红十字会联盟（League of Red Cross Societies）的发起人，从此两人再无合作的机缘。

在那封长信的结尾，斯特朗回忆起他和戴维森的最后一次见面。当时，戴维森沉疴在床，时日无多，说话已经非常困难。在人生的尽头，回首往事，戴维森对斯特朗最后的倾诉是："至少有两件事你和我永远都不会忘记，一是你接受了美联储的工作，而另一件则是我接受了红十字会的工作。这直接切断了我们的联系、消耗了我们的亲密关系和快乐，但它也带来了相应的回报。"

关于斯特朗的另一则广为流传的故事是，专注于研究大萧条的米尔顿·弗里德曼曾经说，如果时任纽约联邦储备银行总裁的斯特朗没有在

1928 年病逝，或许 1929 年的金融危机就不会爆发，大萧条也会从历史的教科书上抹去。在评价斯特朗去世之后美联储的表现时，弗里德曼用的字眼是"无能"。35 岁起于大恐慌之后，56 岁终于大萧条之前，斯特朗短暂的一生堪称精彩。

卸任美国总统之后，罗斯福在自己的传记里用很少的篇幅提到了这场危机。他这样写道：

"1907 年秋季，美国发生了一场严重的经济失调和信贷紧缩，最终酿成了起源于纽约并向全国蔓延的经济大恐慌。这场危机造成了巨大的破坏，并产生了不可估量的破坏性威胁。得益于政府的举措，这场危机终于在酿成全国性的可怕灾难之前中止。要知道这绝非一场局限于经济领域的动荡，如果真演变成全国性的灾难，就必定让所有人民陷入悲惨世界。整个国家接连好几天处于这种灾难的动荡边缘。"

虽然罗斯福在传记中将功劳归于他领导的政府，对摩根团队的努力闭口不提，但是值得一提的是，素来对华尔街冷眼相待的罗斯福，这位一直以来对资本的压迫性保持警觉的总统，却在大恐慌的关键时点一改过去的立场，没有干预摩根的救市计划，从而阻止了危机的进一步扩散，这样的逆转为 1907 年大恐慌增添了几分戏剧性。

当罗斯福卸任美国总统的时候，距离他那次"特别让人折服的演讲"已经过去了 16 个月。后人评价说，在林肯与西奥多·罗斯福之间入主白宫的总统们没有一个显示出真才实干，没有从根本上改变美国人生活的质量与节奏。这算是对罗斯福相当高的肯定。

在大恐慌过去 17 年之后，斯特朗在纽约与索恩再次相见。这是他们在金融危机结束之后第一次见面。故人重逢，百感交集，往事一瞬间翻涌到眼前。索恩对斯特朗说，他依旧清晰地记得 17 年前那个极度焦虑的瞬间。

# 参考文献

琼·斯特劳斯 . 美国银行家摩根传 [M]. 北京：华夏出版社，2008.

西奥多·罗斯福 . 西奥多·罗斯福自传 [M]. 武汉：华中科技大学出版社，2015.

罗伯特·F. 布鲁纳，圣恩·D. 卡尔 .1907 年金融大恐慌：从市场完美风暴中汲取教训 [M]. 上海：上海财经大学出版社，2016.

克里斯蒂安·肖瓦尼奥 . 金融危机简史 [M]. 北京：民主与建设出版社，2017.

查尔斯·金德尔伯格，罗伯特·Z. 阿利伯 . 疯狂、惊恐和崩溃：金融危机史 [M]. 朱隽，叶翔，李伟杰 译 . 北京：中国金融出版社，2017.

# 附　录

# 附录一

## 总统论金融

本文为罗斯福总统在田纳西纳什维尔市演讲的节选。译自1907年10月23日出版的《纽约每日论坛》（*New York Daily Tribune*）第 3 版。原文标题为"President on Finance"。小标题为原文所加。

在过去的这几个月期间,在高额融资领域,尤其是在证券交易市场上,存在着一些麻烦。人们经常都说,我主张的那些政策,包括立法和行政方面的政策,是导致这些麻烦的根源。现在,先生们,我推行的这些政策可以用简短的一句话来概括:这些政策意在惩罚那些通过旁门左道获得成功的行为。这些政策在导致当前这些麻烦的过程中究竟是不是真的起到过什么实质性的影响,我表示怀疑。但是,即使这些政策真的是引起当前麻烦的根源,那么,也丝毫不会改变我的决心:在我任期的剩下16个月里,将会坚定不移地坚持这些政策,继续将其贯彻实施下去。

## 揭露不道德行为

要想在我们这个国家中唤起那种公民气概,遭受任何暂时性的商业萧条都是必要的。我理应会考虑这个代价,但是这个代价不是很大。我们所做的一切都是为了揭露不道德的行为。揭露不道德的行为本身不会造成损害。我所做的事情就是把灯打开。我会对打开灯这件事负责,但是,对于灯光暴露出了什么,不是我的责任。做手术切除癌症,病人在切除肿瘤以后可能会觉得自己身体反而比手术前的几天还要虚弱,病情还要更加严重。

因此,如果这个国家失去了向更高目标迈进的动力,那么,任何物质上的福祉都不能拯救这个国家。我很清楚,在任何一场运动中,就像我们一直从事的当前这场运动一样,都会有真诚的人利用这种洗涤财富罪恶的运动本身来指责财富。

我相信我的路线或者政策对这个国家的福祉极其重要。既不会因为有蛊惑民心的煽动者,也不会因为有别有用心的反动势力,我就会偏离自己的路线或者政策。要记住的最重要的事情就是,这项政策具有两面性。如果我们的这个共和国产生了某种歧视取得商业成功的诚实人的心态,也就是说,如果我们的这个共和国准许仇富的心态滋长蔓延,那么,那才真是我们这个国家的灾难岁月,那才真正意味着我们这个国家的辉煌时代开始走向终结。

世界上最卑鄙下贱的行为莫过于仅仅因为人家繁荣了、发达了,就仇视人家,就仇视那些诚实致富的人。当我说到诚实的铁路工人时,当我说到诚实的银行家时,当我说到诚实的商人时,当我说到因为自己具有超群的商业能力、能给社会提供超凡的服务而发财致富的人时,我要质疑每一位善良美国公民的心态。当我说到他应当得到最大程度的保护时,当我说到他应当免受任何不公正的侵害时,我要质疑每一位善良美国公民的精神。

假如世上真的有某种需要不公正、不公道的一时的民意,那么,人民的真正公仆，也就是说，真正捍卫人民的利益的人，就是那种不理睬人民这种要作恶的一时意愿的人（响亮的鼓掌声）。就拿捍卫财产这个事情来说吧，只要财产来路光明正大，去路光明正大，那么，我捍卫这种财产的态度就比任何人都要坚定（喝彩）。我反对穷人为非作歹，就和我反对富人为非作歹一样坚决。我反对野蛮暴力犯罪，就像我反对肆无忌惮的、无耻的巧取豪夺犯罪一样坚决。犯罪就是犯罪。不论这种犯罪是富豪所犯的，还是流民所犯的，也不管是资本家所犯的，还是工薪阶层的劳工所犯的，都没有什么不同。

## 总统的立场

有那么一些人倾向于在这一点上误解我的立场，说我讲了一些贬损富人的话，例如，说我煽动人们攻击大富巨贾阶级。这些人如果从这样的角度看事情，那么他们就是盲目错误的。我将尽我之所能保护一切诚实的财产，我将尽我之所能保护一切诚实的富人。而归根到底地说，我保护诚实富人的最有效办法就是尽我之所能将那些不诚实的富人绳之以法（鼓掌喝彩声）。要惩治大富巨贾犯下的无耻罪行，不是一件容易的事情。一个人掌管着庞大的企业或者庞大的铁路系统，矫施政策，危害国家，理应受到惩罚，但是要惩罚他并不是一件很容易的事情。之所以不容易是因为直到如今，我们仍然几乎没有任何适当的法律，而且更重要的是，因为这些人无论是他们自己还是他们的代理都没有充分地认识到他们在这种情形中所犯之罪的严重程度。一个富人在需要铁路的地方建设铁路，诚实地经营这条铁路，那么这个富人就是施恩者，就是行善者。我们应当支持他，保护他，使他免遭任何不公正的攻击。假如这时有一个人操纵这条铁路的证券以欺骗这个铁路公司的外部股民、利益相干人、投资人或者货运商，欺骗广大的公众，那么，这个人就是在极尽其所能地破坏我们的体制。我们义不容辞的责任就是要坚定地反对他的这种作恶行为，就是要努力抗争，抵抗这种为非作歹的行为，以捍卫全体人员的利益，尤其是捍卫那个诚实富人的利益（鼓掌喝彩声）。

请记住这一点：在这个世界上，赎罪基本上都是代位履行的（如耶稣为世人赎罪——译者注）；如果我们懒散无为，而任由大富巨贾将通过旁门左道获得成功的标准置于整个国家之前，以致年轻人学会把商业欺诈、逃避法律、违法违规、股市投机和欺诈社会当作是发财致富的主要途径；如果我们放任这种事态存在，我们不仅会唤起公众的良知，就像命定一样，最终也肯定会招致一些无知和卑鄙的过激反应，而这种反应在打压不端行为的同时也将会打压每项正义的行为，在惩罚作恶的富人时，也会简单粗暴地、不分青红皂白地惩罚很多诚实致富的人。

## 希望及时地遏制不诚实行为

我想及时地阻止这个过程，也就是阻止通过旁门左道取得成功和财富的过程，以免出现我前面所说的那种过激反应（鼓掌喝彩声）。我希望有才、有钱的人能获得成功，也能以最崇高的方式来支持一项理性的改革运动，支持一个监督和控制这些巨额财富的积累和商业使用的理性的改革运动。因为这种理性的运动即使不能完全地消灭，也至少可以最大限度地减少我所说的那些邪恶的行为。我们现在正在进行的这场运动绝无任何报复的目的，而是为了铲除这些邪恶和阻止这些邪恶起死回生。

如果这些邪恶行为的受益者成功地阻止这场运动，但是他们不会成功的——他们不会成功地阻止这场运动——但是假如他们真的成功地阻止了这场运动，那也只是意味着这场运动在短短几年过后还会再次爆发。而到了那时，这场运动就会被那些心怀报复目的的人所控制，他们将会趁机制定法律和执行法律，伤害和毁坏这场运动原本并不想伤害的人。

就其本身而言，最近这四五年期间我们所看到的这场运动比任何一场运动都可以更恰当地说成是一场保守运动，一场真正意义的保守运动，一场为了捍卫广大公众利益而对这些巨额财产进行妥当的监控的运动。不管是单独存在，还是合并在一起，这些巨额财产在现代工业世界都具有极强的重

要性。控制和监督这些巨额财产,确保其在积累和商业使用过程中不会出现
( 甚至我们能够防止出现 )任何有损于小人物利益的不道德行为,不管这个
小人物是竞争对手,还是工薪阶层的劳工,还是投资人。换句话说,先生们,
我们的整个运动仅仅是,而且只是,为这个社会的商业生活制定某种实用性
运动的摩西十诫和黄金规则( 鼓掌和喝彩)。

# 附录二

## 《普约报告》：结算行不可缺少

　　对任何存款金融机构来说，结算行的服务都是不可缺少的。这不仅是因为使用结算行收发银行票据可以节省大量的时间、劳动和资金，更重要的是结算行意味着信用。在大型城市中，结算行协会在金融体系中的主导权和地位日渐上升。甚至是在任何一个极其普通的情况下，如果一个满足资本金额要求的银行或者信托公司被拒绝进入或者被开除出结算行协会，那么，这个银行或者信托公司就不仅会立即丧失公众的信任，同时还会丧失同该类机构相关的一切利益。《普约报告》中记录了纽约结算行协会一位经理在做证时的陈述。

　　问：但是，假如没有结算行提供服务，那么在实际的运行中，要建立和大规模地经营银行业务，几乎是不可能的事情，是这么回事吗？
　　答：这是仁者见仁、智者见智的问题。

问：你认为这实际上不可能吗？

答：我认为，在实际运行的过程中这是不可能的事情，没错。但是，也有人不这样想，他们认为在实际的运行中，没有结算行也可以。

问：我认为，谢勒先生，在不久前你曾经说过这样的话——对银行家们来说，结算行不可或缺？

答：是的，对国内的银行家们而言，不能没有结算行。没错。

纽约结算行协会的这位经理承认，有些银行因为结算行撤销了它们这项权利，已经不得不关门停业了。而且他还承认，诸如某家银行的结算行权利已经被撤销这样的流言蜚语，无疑会激起挤兑现象。

在纽约有两家银行，因为不是纽约结算行协会的会员，它们选择通过一个全权限会员银行——丽如银行（Oriental Bank）进行结算。在1907年10月期间，当纽约结算行协会停止了这两家银行的结算权利之后，它们在1天之内就被迫关门停业了。在证言中，丽如银行的时任行长在听证会上详细描述了事件经过，他当时的回答流露出了他的无奈。

答：我想大概是在10月20日到22日前后，应结算行委员会的要求，我同他们会面。

问：有没有谁陪同你一起去呢？

答：没有别人同我一起去。

问：你是在什么地方同他们见面的？

答：就在结算行内。

问：你都同谁见面了？

答：我现在不记得是哪些委员了。我只记得在结算行委员会有好几个人，伍德沃先生、纳什先生和汤森德先生当时都在场。我现在只能回忆起来，当时，结算行委员会的这几位委员都在场。

问：当时，你同赫伯恩先生见过面吗？

答：我现在不能清楚地记得这次会议有没有他，或者说，我现在不记得当时他是不是参加这次会议了。但是，我现在记得，前面我提到的那三位先生当时都在场。

问：你有没有申请过什么证书？

答：在那个时候没有申请过。

问：当时你到这里来办理什么事情？

答：是他们要问我，我们在替哪些银行代办结算业务。

问：你是怎么回答他们的？

答：我告诉他们，我们为3家银行代办结算业务。这3家银行分别是：布鲁克林银行（Brooklyn Bank）和自治区银行（Borough Bank），这两个银行都是纽约市布鲁克林区的本地银行，还有一家银行是纽约市的切尔西交易银行（Chelsea Exchange Bank of New York）。

问：后来发生了什么事情？

答：他们询问了这些银行在我们这儿建立交易账户的余额和条件。他们起初是对我说，他们希望由我来通知它们将停止这种代理结算的关系。

问：是指停止所有这些银行的代理结算吗？

答：是的，是停止所有这些银行的代理结算。

问：接着说下去。

答：接下来就商讨这个事情。

问：关于这件事，你是怎么说的？

答：我当时说，我觉得如果我们通知它们停止这些代理结算，就可能会给我们的业务带来巨大的损失，甚至可能会给我的银行招惹一些麻烦。

问：由你负责通知停办代理结算可能会毁了所在的这个银行，你有没有说过这样的话？

答：我现在不知道当时我有没有说过这样的话。我只是觉得如果我们真的发出这些通知，可能会招惹一些麻烦。所以，我反对这样做。最后，我的理解是：如果布鲁克林银行和自治区银行都能把它们（在我们这儿建立的交易账户上）的余额提高到 50 万美元，我们可能还可以继续为它们代理结算。如果不能，这只能是据实报告的事情。我要同结算行进行联系，保持接触。

问：这 3 家银行有没有提高它们的余额？

答：有一家银行把余额提高到了这个数额。另外两家都接近但是没有完全达到50 万美元。

问：哪一家银行把余额提高到了 50 万美元？

答：我记得是布鲁克林银行。

问：后来的情况怎么样呢？

答：第二天，汤森德先生来找我，问我有没有发出通知。我告诉他我没有通知它们。我认为如果刚才提到的那两家银行把它们的余额提高了，我们就不必再通知了。这个要求不适用于切尔西交易银行。他（汤森德先生）说他不是这样认为的。他就去了结算行，我随后接到电话也去了结算行。在那儿我们就又讨论了这件事情。最终决定仍然是，我应当发出这些通知。

问：这些通知的内容是什么？

答：就是停止代理布鲁克林银行和自治区银行进行结算的通知——但是，没有停止代理切尔西交易银行的结算。

问：对于那家已经把余额提高到规定余额的银行，你将要停止为它代理进行结算吗？

答：是的。

问：关于这件事情，你是怎么说的？

答：我告诉他们，它们在我这儿有很高的余额。而且我知道这将意味着（如果停止代理结算）它们会立即提走在我们账户上的这些余额。我觉得这对我们将会是很大的麻烦。我要求任命一个结算行委员会来对我们的银行进行审查。

问：后来有没有派结算行委员会来审查呢？

答：派了。

问：在那时，你还没有向那几家银行发出通知，是不是？

答：我们还没有发出通知。

答：他们（结算行委员会）说，它（东藩汇理银行）状态稳健。而且还说，我们的生意合理合法，任何人都不得利用或者滥用我们。

问：结果呢，也就是关于你们还能不能继续为另外的那两家银行代理结算的事情，最后的结果怎么样？

答：我们立即停止了同另外的那两家银行间的代理结算关系。

问：是他们（结算行委员会）要求你们停止代理结算的，是不是？

答：是的。

问：你们有没有发出这些通知？

答：我们发了。

问：他们是在当天夜晚要求你们停止代理这些银行结算的吗？

答：是在派结算行委员会审查我们之前的那天下午。

问：你们是怎么回答的？

答：他们在审查前的那天下午要求我们停止代理这些银行结算。

问：是在派结算行委员会来审查你们之前吗？

答：是的，先生，没错。

问：于是，你们就发出了这些通知？

答：是的。

问：发出通知之后过了多长时间，这两家银行就停业关门了？

答：我没法准确地告诉你们究竟过了多久，但是，这两家银行就在此后的一两天内就停业关门了。

虽然这两家银行被迫停业并没有在银行业引发更深层次和更广泛的恐慌，甚至结算行委员会也早有预料，但是当权力落在一个民间组织之中，权力就有可能被滥用。纽约结算行一位管理成员在其证言中，进一步披露了结算行协会可能会运用其手中掌握的巨大权力，其原则不是出于金融稳定的考虑给予援助，而是恰恰相反，是为了摆脱那些陷入困境的会员。

问：卡侬先生，这是你编写的书，很有启发性。我想请你看一看第12页的内容，请告诉我，你这样说究竟是什么意思。在提到金融大恐慌时代时，你这样说道：

在这种紧急的情况中，结算行协会的其他会员通常都愿意帮忙，给予援助，直到度过紧张的时期。但是，要获得这样的外援，涉事银行自己的管理必须要妥善健全，在各个方面都得有良好的声誉。否则，结算行协会的会员们——在这儿，我完全是说在金融大恐慌的时刻,请注意!很可能会不愿意给予援助,拒绝帮忙,反而似乎相当愿意摆脱一个实力薄弱、管理不善的会员。

　　答:我认为,这段话已经不言而喻,无须再费口舌另作解释。

——《普约报告》第一章第 4 节

# 附录三

## 《普约报告》：这些协会既没有注册，也没有受到监管

结算行虽然与国家金融计划保持着极度重要却又微妙的关系，但却是未经注册的志愿者型组织。这样的协会类似于私人俱乐部。它们的管理机构全权决定着它们是否想要某家机构成为其会员、是否可以继续留存于协会、是否可以享有会籍的特等权利。例如，根据纽约结算行协会的章程（这个章程很有代表性），一方面，鉴于协会的现有会员是潜在的新会员的竞争者，所以，如果在协会的现有会员中有1/4的会员表示反对，那么，一个银行或者信托公司无论拥有多么深厚的资格也不能加入协会，成为其会员。另一方面，协会通过多数会员的投票表决，也可能会将现有会员开除出协会。对于上述的这两种情形，无论是属于哪一种情形，都不需要给出任何的理由，也没有任何的上诉机会。未经协会的同意，协会会员的所有权结构、管理层或者企业章程都不得有任何改变，违者将会被开除出结算行协会。谢勒先生在纽约结算行协会管理机构中担任经理，卡侬先生是这个管理机构的成员，在就这方面的权力及为其他问题做证时，他们回答了以下问题。

与谢勒的问答：

问： 假定银行具备所有的条件，那么入会委员会仍然是这个银行能不能进入协会成为会员的唯一裁判官，是这样吗？

答：是的。

问：所有的这些资格，一家银行全都满足，但是究竟是拒绝这个银行入会，还是接受这个银行入会，全凭结算行协会自己的判断来决定，是不是这样呢？

答：是的。

问：在全体现有会员中，至少需要有3/4的现有会员投赞成票，才能加入协会成为会员，是这样吗？

答：是的。

问：要开除一个现有会员，需要有半数以上的现有会员同意吗？

答：是的。

问：不需要有任何理由，只要有半数以上的现有会员同意，就可以开除一个现有会员，是吗？

答：不是这样的，先生。协会的章程中规定了开除一个现有会员需要有什么样的原因或理由。

问：噢，实际上，谢勒先生，开除现有会员或者暂停现有会员的权力完全地掌握在结算行协会的这个委员会的手中，是这样吗？

答：是的。

问：你们为什么一直都把这个协会的会员制度比作私人俱乐部的会员制度呢？

答：只不过是做个比较而已，因为这个协会不是一个法人机构。

问：在私人俱乐部这种情况中，仅仅因为不想要某个会员了，俱乐部就可以把这个会员开除，无须任何理由。这个你知道吗？

答：知道。

问：那么说来，在你们的结算行协会中，也是这样的，对吗？

答：我们还不至于像私人俱乐部做得那么过分吧。

问：但是，你们有权这样做，是不是？

答：在这方面，我们有我们的要求，有我们的规定。

问：你们有权这样做，不是吗？

答：是的，我们有这个权力。但是，如果他们符合这些要求，遵守我们的规定，我们就没有这个道德权。

问：你们没有法律上的权力？

答：我们没有法律上的权力。

问：你们曾经谈到过有人不想加入结算行协会。在此，我要向你们再重复一下我提出的问题。你们知道，除非一个银行的资本额达到100万美元，否则，这个银行就不能加入这个协会，是吗？这种说法是对还是不对呢？

答：是这么回事。

问：如果这个银行有100万美元的资本额，要进入协会需要得到3/4的现有会员的同意。但是这个银行没有得到这么多现有会员的同意，那么，这个银行无论如何也不能加入协会，是不是？

答：是的，它不能加入这个协会。

问：而且，如果这个银行不能加入协会，不能让另一个会员银行代理它进行结算，那么，这个银行将不能进行结算，是不是？

答：是的。

　　问：我们现在要谈论的是结算行协会的章程。我们现在来讨论这个章程中的第 7 节。在第 7 节中规定，未经结算行委员会的同意，要想成为结算行协会的会员，或者要想继续做结算行协会的会员，任何一个银行都不能改变其控制权，这样的规定你们知道吗？是有这么回事，还是没有这么回事？

　　答：是的，有这条规定。

　　对卡侬的回答：

　　问：根据你们现行的章程和管理细则，一个银行业协会即使符合资格也不一定有权利成为会员。而能不能成为会员取决于它是不是能获得3/4 的现有会员的同意。你难道不知道有这样的规定？

　　答：你是说由 3/4 的现有会员投票赞成吗？

　　问：是的。你知道有这样的规定，是不是？

　　答：是的，我当然知道。

——摘自《普约报告》第一章第 5 节

# 附录四

## 纽交所：大部分的交易可以定性为"赌博"

纽约证券交易所的历史可以回溯到1792 年签订的《梧桐协议》（Buttonwood Agreement）。最初，市场上只有纽约银行这一只股票及寥寥无几的债券。协议签订地点的那棵梧桐树——实际上是枫树——一直活到了1865 年，那时候，交易所早已转入室内。到20 世纪，纽约证券交易所确定了权威地位。虽然其他城市也有交易所，但重要的公司都是在纽约上市。1903 年，纽交所启用位于百老汇大街18 号的大厦。大厦三角楣上那个巨型雕塑的名称是"诚实保护人类的工作"（Integrity Protecting the Works of Man）。

尽管纽约证券交易所主席曾经放言："纽约证券交易所理事们已经取得的最大成果之一就是杜绝了（股价）操纵。"但是在《普约报告》[1913 年，路易斯安那州议员阿森纳·普若提交的《资金和贷款控制密集度调查报告》（Montru Report），又称《普约报告》]中得出的结论是："毫无疑问，在纽约证券交易所的交易中，只有很小的一部分交易是投资性质的交易，大部分的交易基本上可以定性为赌博。"

　　《普约报告》在调查了美国钢铁等14家上市公司的交易情况之后，粗略统计之后发现：

· 自从 1906 年 1 月 1 日开始以来，美国钢铁公司上市出售的全部普通股股票在每年中平均转手 5 次，而在此期间，在公司账册上登记转让的股票数量平均约为出售的股票数量的25%。

· 同期，统一铜业公司（Amalgamated Copper Co.）上市出售的全部普通股股票在每年中平均转手 8 次，而在此期间，在公司账册上登记转让的股票数量平均约为出售的股票数量的20%。

· 自从 1906 年 1 月 1 日开始以来，联合太平洋铁路公司上市出售的全部普通股股票在每年中平均转手 11 次，而在 1912 年中，在公司账册上登记转让的股票数量约为出售的股票数量的25%。

· 在 1912 年中，美国罐头公司（American Can Co.）上市出售的全部普通股股票转手 8.33 次，而在公司账册上登记转让的股票数量约为出售的股票数量的25%。

· 自从 1906 年 1 月 1 日开始以来，岩岛公司（Rock Island Co.）上市出售的全部普通股股票平均而言在每年中转手 2 次，而在公司账册上登记转让的股票数量平均稍高于出售的股票数量的25%。

· 自从 1906 年 1 月 1 日开始以来，美国冶炼精炼公司（American Smelting & Refining Co.）上市出售的全部普通股股票平均每年转手 12 次，而在公司账册上登记转让的股票数量平均约为出售的股票数量的18%。

· 自从 1906 年 1 月 1 日开始以来，伊利铁路公司（Erie Railroad Co.）上市出售的全部普通股股票平均每年转手超过2 次，而在公司账册上登记转让的股票数量平均仅为出售的股票数量的 30%。

· 自从 1906 年 1 月 1 日开始以来，联合天然气公司（Consolidated Gas Co.）上市出售的全部普通股股票平均每年转手超过 1 次，而在公司账册上登记转让的股票数量平均约为出售的股票数量的 40%。

· 自从 1906 年 1 月 1 日开始以来，布鲁克捷运公司（Brook Rapid Transit Co.）上市出售的全部普通股股票平均每年转手 6 次，而在公司账册上登记转让的股票数量平均为出售的股票数量的 23%。

· 自从 1906 年 1 月 1 日开始以来，科罗拉多燃料钢铁公司（Colorado Fuel & Iron Co.）上市出售的全部普通股股票平均每年转手5 次，其中，在 1906 年转手 18 次，而在公司账册上登记转让的股票数量平均不到出售的股票数量的20%。

· 在 1912 年 10 月，也就是加利福尼亚石油公司（California Petroleum Co.）普通股股票上市出售的当月，其全部普通股股票转手超过 3.5 次。

· 墨西哥石油公司（Mexican Petroleum Co.）普通股股票在 1912 年 4 月上市出售。在 1912 年 4 月至 10 月的 7 个月中，全部普通股股票转手将近 9 次。

与上述频繁换手的股票不同,自从 1906 年 1 月 1 日雷丁公司(Reading Co.)将所有的普通股票发行待售开始,在不到一年的时间里,就有 20 多次没有售出,从那以后,这个数字更是高达 43 次。在此期间,其中有 1 个月,挂牌出售的全部普通股股票转手达 6 次之多;只有 2 个月,挂牌出售的全部普通股股票在当月转手不足 1 次。虽然是分红类股票,但是,在整个上市出售期间,在公司账册上登记转让的股票数量仅为所有出售的股票数量的8.6%。

在当时的股票操纵案中,最具轰动性的也许就是CHCI(Columbus & Hocking Coal & Iron)股票操纵案,一个基金池(pool)进行了这次操纵行为,这个基金池的经理叫詹姆斯·基恩(James Keene)。1909 年 2 月,CHCI 股票上市,挂牌交易的总发行量是 69304 股,而在这个月中买卖交易的股票股数是 8650 股。3 月间,这个基金集合由纽约证券交易所中的 10 家公司和詹姆斯·基恩组成并开始运作。在 3 月期间,CHCI 股票的交易量达到 143490 股,超过了上市挂牌交易股数的总数的 2 倍。同时,这只股票的价格也被哄抬起来,从每股 24 美元上涨到了每股 45 美元。随后,这只股票的交易活跃性下降,通过精心巧妙的调节买入和卖出指令,这只股票价格被哄抬起来,一路攀升,最后在 1910 年 1 月间达到峰值:每股 92.5 美元。如此高的股价没有任何合理的支撑,因为这家公司的资本收益率只有0.5%。

1909 年 11 月 12 日至 1912 年 1 月 18 日期间,这个基金集合总共购买了 9000 股这只股票,卖出了 8800 股。通常的做法是:几乎每天,经纪人都接到指令,例如以每股 87.25 美元的价格买入 200 股,每股价格比市价低 0.25 美元,以每股 90 美元的价格卖出 200 股,每股价格比市价高0.25 美元。

最后,在 1910 年 1 月 9 日,这只股票在纽约证券交易所抛售,抛售了30000 股,几乎是上市挂牌交易的总股数的一半,远远超过这个基金池的承受能力,于是,股票价格暴跌,在几个小时之内就由每股 88 美元骤降到每股 25 美元,拖垮了基金池。在最后 1 个交易日上午,专门负责这只股票的交易员本打算买入 14000 股来护盘托市,但是卖盘从开始的陆陆续续地进场到后来"似乎从四面八方涌入市场似的"。他一直撑到交易所取消他的订单,被迫停止交易。他只买入了 100 股,每股价格不到 70 美元。之后,他的公司因此而破产。

在此期间,纽交所的管理者并不是没有察觉 CHCI 的股价异常波动。事实上,在法律委员会的要求下,纽约证券交易所的主席曾经两次警告过在交易大厅中公开大肆地进行这样操作的公司。如果法律委员会和理事委员会动用它们的权力去审查纽约证券交易所的会员们的交易情况、审查它们的交易账簿,从而发现所有牵涉交易中的人物,并且阻止它们,本来应该是个轻而易举的事情。但是,明知这种操纵正在进行,纽约证券交易所的权力机构却没有阻止这种操纵行为。

在基金池破产后,对组成基金池的 9 家或者 10 家公司的惩罚也并不一致,确切地说,只有那些已亏损破产的公司受到了惩罚,被驱逐出纽约证券交易所,而其余的公司既没有被驱逐出纽约证券交易所,也没有被暂停在纽约证券交易所进行交易业务,而仅仅是受到了训诫。纽交所如此行事,其真正用意让人怀疑它不是惩罚这些操纵行为本身,而是为了惩罚公司不自量力地进行超出自己财力的过度交易,并最终导致自己陷入资不抵债境地的行为。

与纽交所默认股价操作行为形成鲜明对比的是,如果会员公司在代客户进行交易时收取的佣金率比纽约证券交易所规定的固定佣金率低,或者假如它们同纽交所的竞争对手有联系,那么,它们就会受到惩罚:首次犯规,在至少 1 年内要停止在纽约证券交易所中进行交易活动;再次犯规,就要被驱逐出去,再也不准许在纽约证券交易所中进行交易活动。这就是当时我行我素、目空一切的纽交所,它本身就在操纵市场,目的就是垄断市场。

人们对股价操纵行为的恶果的认知是逐渐形成的。股价操纵不仅煽动起大众性的投机交易热情,更重要的是,它扭曲了股票的当前市场价值,而这恰恰是证券交易所存在的真正价值。更进一步的,人们意识到,股票的价格在很大程度上影响着公司的信用,并且和银行的贷款额度直接挂钩,因此,处于无人监管之境的证券交易所和银行系统生死相依,进而和经济息息相关。人们还意识到过度投机的另一个隐性危害是,资本在股市中"空转",意味着大量制造业需要的生产性资本被抢夺走了。

在价格下跌到每股 2 美元以后,CHCI 随即从纽约证券交易所的交易股票列表中消失了。它究竟给多少股民带来了多大的损失,全部石沉大海,无法查明。

斯特吉斯(Sturgis)先生原是纽交所的主席,自 1876 年以后担任纽交所理事委员会的理事长,现在担任纽交所法律委员会的主席。在国会听证会上,昂特迈耶曾经就纽交所的卖空机制是否完全合理合法询问斯特吉斯,他特地问及在发生全国性恐慌的时候,卖空机制是否无可厚非。

问:你认为在什么样的情况中,这种卖空行为是合理合法、无可厚非的呢?

答:我认为在国家发生恐慌时,卖空是合法合理的,无可厚非的。保护没有出售的持股是合理明智的。我认为在这种情况下这样做是完全合理合法的事情。

问:让我们来研究一下这个问题。如果全国陷入一片恐慌之中,一个人卖空股票,难道不会加剧恐慌吗?

答:可能会进一步地加剧恐慌。但是自保自卫是自然界的第一法则。

问:可是,就我的理解而言,如果全国陷入恐慌,一个人知道卖空会加剧这种恐慌,但是,仍然通过卖出手中还没有的股票来进一步地打压股票的价格，你认为这是合理合法、无可厚非的吗？

答：昂特迈耶先生，如果一个人的财产完全没有保障，而他能够，比如说，通过卖掉有广泛销路的某件东西，保护自己的财产……

问：可是（如果）他还没有得到那件东西呢？

答：（继续）我不认为这有什么不对的地方。

问：斯特吉斯先生，我们仅仅只是来分析一个这个问题，因为我觉得我没有弄明白你的意思。你不想别人没听明白你的意思吧，是不是？

答：是，我不希望别人没搞明白我的意思。

问：而且我也不想让你的意思被误解了。你的意思是不是说：如果发生了恐慌，一个人为了将来能更便宜地买回，那么，在任何情况下，卖掉其手中还没有的股票，都是合理合法、无可厚非的行为？

答：我的确认为这是合理合法、无可厚非的行为。我肯定地认为这是合理合法、无可厚非的行为。

问：除了想赚钱以外，他这样做还有什么目的吗？

答：也许是为了要保全自己的信用名声。

问：希望加剧恐慌，为了将来能更便宜地购回而卖掉自己还没拥有的股票，怎么能在恐慌的情况中保全自己的信用呢？

答：因为如果在这样的卖空中他能赚到利润，这个利润可能就能弥补在他卖不掉的那些股票上所遭受的亏损。

问：我明白了。那样做只会加剧恐慌，这一点你是不是知道呢？

答：不可能有其他的结果。

# 附录五

## 结算行证书：一种通货

在货币市场银根极其紧缩的时候，尤其是在1893年和1907年，在没有任何法律依据的情况下，它们以会员质押的资产作为担保，向会员们发行所谓的证书。它们发行的这些证书无须缴纳10%的流通税，在某些城市之中，例如，在纽约市，仅在结算行协会的会员之间可以当作货币使用，在结算行内进行收付款，结算余额，但是不能在广大公众中流通，用于其他的用途。在1907年中，这种证书的发行规模超过2.5亿美元。在1907年，单是在10月26日至12月26日期间，在纽约市发行的证书价值就高达1.01亿美元。

纽约结算行协会发行的证书格式如下：

伍万美元（$50，000.00）

证书编号：

纽约结算行协会证书

纽约，_____，_____

_____已经根据本协会 1907 年 10 月 26 日会议的决议在本委员会质押证券作为担保，特发此证，以资为凭。本结算行协会的任何会员凭此证书均将可于本结算行内结付 50000 美元的余额。

_____ _____，

_____ _____，

_____ _____，

_____ _____，

_____ _____，

委员会。

一经上述的存款银行出示提交本证书，本委员会将承认持证人以本证书的面额偿还该银行债务，同时返还相应部分的 5 万美元质押证券。

（证书的背面）：仅适用于纽约结算行协会会员。

人们辩称,在金融大恐慌时期,这种擅自增加通币的流通量的做法是缓解极其严重的银根紧缩的唯一可行的手段。然而,事实却是,发行这种证书会导致部分地暂停使用硬通币进行支付的支付活动,因而,即使在实际的效果上不会危害国家的信用,也将会使国家的信用威风扫地,大失脸面。没有政府的控制,就会像现在这样,这些证书将会导致一项极其危险的权力不得其所,落入结算行协会之手,从而让它们可以决定向谁发行这些证书,以及在什么时候赎回这些证书。由于在办理这项事务的过程中,这些结算行协会是通过一些小型委员会进行运作,结果,银行行长们就经常发现,自己申请援助的决定权不仅完全地掌握在同自己竞争最激烈的竞争者之手,而且自己还没有任何审查的权力。

因此,在1907年的金融大恐慌时期,制造商与贸易商银行(Mechanics & Traders Bank)是纽约结算行协会的会员,拥有银行存款额大约在1200万美元,就像很多运营良好、财力雄厚的银行一样,被迫向结算行协会申请援助,请求向其发放证书。能否给予这种援助,以及是否赎回任何可能发行的证书完全由一个统一结算行委员会负责。统一结算行委员会包括一个常务结算行委员会和一个特别贷款委员会,每个委员会都有5名委员。常务结算行委员会主席是谷物交易银行(Corn Exchange Bank)时任行长纳什先生。弗茹先生是特别贷款委员会的委员,是谷物交易银行时任副行长。谷物交易银行和制造商与贸易商银行是竞争激烈的对手。这两家银行不仅都在纽约州的3个地方都设有分支行,而且这两家银行的这些分支行还都距离很近,相互毗邻。

制造商与贸易商银行申请并获得了结算行协会的证书,总面额为3210万美元,质押的担保证券面值为637.325252万美元。随后,在1908年1月25日(伍德沃先生此时已经接任纳什先生的行长职位),制造商与贸易商银行和另外的3家银行接到结算行委员会的通知:这些未兑付的证书必须在某个时间内赎回。通知在报纸上一经发布,这4家银行随之就发生了挤兑现象,结果不得不关门停业。在此后的40天内,制造商与贸易商银行偿清了结算行协会的债务。数年之后，制造商与贸易商银行不复存在，谷物交易银行接管了制造商与贸易商银行原来的一个（也许是多个）分支行业务部。

纳什先生和弗茹先生，当时正是制造商与贸易商银行援助申请的裁决者。我们从来都没有暗示过，他们可能会有企图排挤竞争对手、为自己的银行获得竞争优势的想法。但是，就一般的政策而言，这样的情形本应当予以规避。把任何一方推入这样的地位都是不公平公正，也是不明智的。

然而，在1908 年，类似不幸之事重演：纽约的丽如银行具有悠久的历史、良好的声望和殷实的财力，其他的3 家银行据称也具有充沛的偿付能力，这些银行不仅在清盘中完全地付清了存款人的提款，而且还给股东们剩下了丰厚的盈余。因为纽约结算行协会结算行委员会滥用权力，强行赎回已发行的这种贷款证书，这些银行被迫关门停业。

赫伯恩先生当时是大通国民银行董事会主席和结算行委员会的主要委员，就此重大事件做证如下。

问：在商业环境宽松缓和之时，资本的成本低，一切都风平浪静，悄然无声地进行着。在从结算行委员会卸任以后，你有没有听说过，这家银行（丽如银行）和另外 3 家银行必须交回它们贷款证书的通知是以在报纸上刊登的形式发布的吗？

答：我听说……

问：我要问你的正是这件事。

答：（你是想询问我）我有没有听说，它们这 4 家银行收得到的第一个通知是刊登在报纸上的公告吗？

问：是的，正是这个问题。它们这4 家银行是不是先在报纸上看到了通知，而后才收到信函的？

答：是的，没错。我听说正是这样。

问：而且，是公告在报纸上刊登后的第二天，第二天上午，它们才接到在报纸上刊登公告的通知？

答：关于这事，我一点儿也不了解。关于这事，我不能做证。

问：假如你当时还在结算行委员会担任主席（还没有卸任，还在主持工作），那么，事情应当会怎么样呢？

答：发出那个通知本身就是一个错误。

问：那么，那个通知在报纸上刊登之后又撤回，这样做会不会有所补救，有所帮助呢？

答：这样做同样也是一个错误。

问：可是，当人们已经开始涌到这些银行进行提款了，这样做依然不能有所帮助吗？

答：不能。

问：你是不是认为，在那（两次错误）之后，他们（指结算行委员会）应当继续有所行动（但不是继续犯错，而是转而）帮助这4家银行渡过眼前的挤兑难关，既然这些银行本来就具有充沛的偿付能力？

答：当然应当帮助这些银行。

问：整个事情就是一个严重的错误，这样说正确吗？

答：正确，这是一个严重的错误。

问：毫不夸张地说，这是一个考虑欠周的、极其轻率的弥天大错，以至于事态恶化到这种不可收拾的地步，是不是？

答：是的。

——摘自《普约报告》第一章第7节

# 附录六

## 金融不稳定时美联储如何提供流动性

### 纪念1907年金融恐慌一百周年演讲

今天我要从两个角度谈谈金融不稳定问题：首先，我会给出一个理论框架，以便更好地（帮助大家）理解为什么特定时期会出现金融不稳定；其次，我会介绍美联储如何通过提供流动性来降低金融不稳定时期经济动荡带来的危害。

美联储希望维持金融稳定主要不是因为关注金融市场运作，也不是为了救济投资者或金融机构，而是因为只有金融系统保持稳定，宏观经济才能保持坚挺。金融系统由金融市场和金融机构组成，主要功能是为拥有良好投资机会的个人或企业提供资金。金融系统在这方面做得越好，从贷款人到借款人的信贷流动就越有效，经济运作的效率也就越高。如果金融系统受到冲击，无法有效地将资金用于生产，就会出现一段时期的金融不稳定；如我接下来所述的那样，这种冲击一般和信息流通不畅有关。如果不受监管检查，金融体系对于信息的利用可能会导致贷款和经济活动急剧减少。因此，如果美联储想要实现促进就业和稳定物价的目标，稳定的金融体系至关重要。

## 信息不对称与金融不稳定

当签订金融合同的一方比另一方了解的信息少得多，就出现了信息不对称问题。一个典型的例子是，贷款申请人通常比放款人更了解贷款投资项目的潜在风险和回报。如果我们对信息不对称给予充分的重视，就能更好地理解金融不稳定产生的根源。信息不对称会导致两个基本问题：逆向选择和道德危机（由于申请者的潜在不可靠性所要冒的风险）。

逆向选择。一般来说，在多种投资选择中，会有一种投资最有可能产生不利结果，而如果投资者最可能选择这种投资，就会出现逆向选择。比如，那些偏好高风险的投资者，通常也是最可能寻求借款的。当市场上信息不对称的问题特别严重时，放款人也许会决定停止放款，即使市场上有信用优异的、风险可控的借款人存在。[1] 显然，要想避免逆向选择，贷款人就必须甄别出劣质风险（即筛选出那些可能会还不起钱的借款人，并不向这类人发放贷款）。

道德危机。当贷款申请人有意向参与到对放款人不利的活动中——让偿还贷款的可能性下降的活动——道德危机就产生了。例如，贷款申请人可能会去投资高风险项目，如果项目成功，贷款申请人就能获得高收益，但如果项目失败，放款人就得承担大部分损失。与逆向选择类似，如果市场上贷款申请人和放款人之间的利益冲突格外严重，许多放款人可能会一刀切，选择不放款，转而投向次优的放贷与投资。为了尽量减少道德风险，放款人就必须强制拟定限制性契约，针对那些参与到特定活动中的贷款申请人施以罚款；放款人必须对借款人的这类活动进行监督，如果借款人违反约定，就

---

[1]　乔治·阿克洛夫（George Akerlof）提出了经典的"柠檬问题"，其中就描述了信息不对称的这种后果。

必须落实惩罚措施。

随着时间的推移，为解决信息不对称问题，金融系统已经自发地开创了各种机制，包括：建立强大的金融中介网络；稳健并具有复原能力的金融市场；有创新性的金融产品，将风险分散给最愿意承担风险、承担风险能力最强的投资者；建立有效的监督和管理体系等。但是，哪怕是最强大的金融体系，也无法对冲击完全免疫。当这样的冲击对信息的流动产生了实质性的影响，逆向选择和道德风险的问题就会变得铺天盖地，而那个原本设计用来控制这些问题的机制就反而被这些问题吞没了。由于放款人都不愿意贷款，流动性严重缺乏，一个金融不稳定的时期就很可能发生，与之相随的，正如我在开篇提及的，则是由借贷停滞导致的经济活动急剧减少的威胁。

从广义上讲，至少有四种类型的冲击可能导致金融不稳定。第一种，是利率的急剧上升，而这也是过去许多危机发生的导火索。利率越高，借款人还不起钱的可能性就越高，因为愿意支付高利率的借款人一般都是风险偏好者。毫不意外地，在历史上有很多次，放款人对急剧升高的利率的回应，都是降低贷款供应，这就导致了信用配给（credit rationing）。

其他类型的冲击包括不确定性突增、企业和家庭资产负债表恶化及金融中介疲软。其中某些类型的冲击，已经在过去几个月中影响了全球金融市场。一般而言，如果不确定性突然上升，就更难了解借款人的相关信息，贷款批复率就会下降。不确定性突增可能是因为某家大型金融机构忽然破产、一次市场崩溃、一场经济衰退等，或者和最近的一次危机一样，是因为无法准确对复杂的金融产品进行估值。贷款申请人资产负债情况欠佳，也会让借贷活动频率下降，因为这会让信贷风险增高，从而使逆向选择和道德风险问题更加突出。最近几个月，资产负债表恶化的不利影响显而易见，由于放款人对借款人的财务状况非常担忧，所以要求借款人缴纳高额费用，甚至大幅削减信贷流动。最后，银行业的问题也可能是金融不稳定的导火索，因为金融中介会发现它们处于一个财务状况的弱势位置，尤其是在它们无法融资的情况下。

　　一家央行可以通过提供临时流动性来应对金融不稳定，在金融中介没有意愿或没有能力提供贷款时。央行一般是通过银行业将流动性注入金融系统中的，但其目的是希望流动性能够从银行扩散到其他的金融机构。流动性一般会从银行扩散到原本无法接触到证券市场的金融市场和非银行机构，所以注入流动性可以直接解决金融不稳定的根源，从而降低金融不稳定对宏观经济环境的不利影响。了解了这些原理，我们就可以研究一些金融历史了。

## 1907 年金融恐慌与美联储的创立

　　美国的国家银行时代自 1865 年开始，一直持续到 1914 年，即当美联储开始运转之前。那个时期，很多资金储备都被引流到纽约的各银行，而这些银行通过纽约结算为金融系统提供流动性。但是，银行系统总是遭遇周期性恐慌，因为市场对流动性的需求时常会超过纽约银行机构所能提供的数量。反过来，这些恐慌会导致大量银行倒闭，或者至少会暂停存款提现服务。恐慌期间，利率一般会飙升，股市往往会暴跌。

　　1907 年的金融恐慌，作为本次会议的主题，是国家银行时代的最后一次恐慌，也是史上最严重的恐慌之一。1907 年夏，随着利率攀升、黄金储备量下降，美国的金融机构，尤其是纽约的金融机构，面临的压力越来越大。利率和黄金储备的波动，部分是由于外国央行希望维持其黄金储备而抬高国外利率。大恐慌始于 1907 年 10 月，当时最大的金融机构之一纽约人信托公司发生挤兑。先是股市崩溃，这导致在纽约设有代理银行的各银行对流动资产的需求急剧上升，同时公众对流动资产的需求也会飙升，由此，利率迅速走高，不少金融机构倒闭，很多机构都暂停提现服务。随后发生的银行业危机，从某种意义上说，将一场原本温和的经济衰退恶化成了一场短暂的但是极为猛烈的经济萎缩。

由于1907年的危机,美国国会开始考虑联邦政府是否应该更积极地管理国家的货币供应,因此成立了国家货币委员会(National Monetary Commission)。在该委员会的建议下,美联储成立。因此,建立美国中央银行的一个主要初衷是希望防止重蹈覆辙,不再发生1907年那样的金融恐慌,而这场危机对整体经济的危害是历届政策制定者都不曾忘记的。[①]

当时,人们普遍认为,导致金融系统疲软的主要原因是货币缺乏弹性。基础货币(又称高能货币,包括国家银行票据、硬币、美元纸币和银元券)的供应在短期内是相对固定(无弹性)的。因此,即使对基础货币的需求只是较小幅度地增加,也会导致利率攀升。此外,货币需求的增长也并不是完全没有规律可循的,部分增长与作物周期有关,所以呈现出季节性的特征。货币需求增长会导致对流动性的需求上升,但没有哪种现成的机制或机构可以迅速满足对流动性的需求,同样,也没有人可以迅速提供流动性来解决随之而来的危机。美联储的设立,为这个国家提供了一个这样的机构:有能力扩大货币供应量,从而将利率的季节性波动消除殆尽,以减轻这种波动可能给金融系统带来的压力。参与创立美联储的政策制定者也认为,在流动性出现预料之外的波动的时候,这个机构能够满足金融系统的需求。美联储的创始人主要希望美联储在其贴现窗口业务中提供商业贷款再贴现服务,而这被视为一种提供弹性货币的方式,有利于消除危机,或者至少减轻危机。[②]

---

① 1907年金融恐慌发生后,美国参议员奥尔德里奇(Aldrich)曾表示,"此次危机中,证券和不动产估值的缩水以及企业损失高达数十亿美元"。

② 美联储第一任董事长查尔斯·哈姆林(Charles Hamlin)曾表示,"以前,每当发生危机,所有银行都不愿意借钱,那么多商人等着银行动用储备、伸出援手,银行却都做缩头乌龟,漠不关心……有了联邦储备系统,这种情况再也不会发生了。储备会更具流动性,商业票据(贷款)会成为一种流动投资,每家银行都有信心,只要有合适的商业票据,就可以动用储备、发放贷款,而且一定收得回来"。

## 美联储提供流动性

在过去的研究中，我已经验证了由央行提供流动性的重要性，（特别）是在解决信息不对称的问题这一点上。该问题被利率激增，以及通常伴随着金融危机到来的不确定性进一步加剧。更好的流动性有助于抑制利率上升，而且，在不确定性加剧的背景下，通过增强流动性，贷款发放机构也能够更准确地评估借款人的信誉。

美联储目前为止已经采用过多种方法为金融体系提供流动性。起初，票据再贴现是美联储用来提供流动性的主要工具。后来，美联储通过改变利率上限或开放市场操作等方式提供流动性。自2003年以来，贴现窗口的运作方式发生了很大变化，开始允许财务状况良好的银行以高于目标联邦基金利率（federal funds rate）的利率随意借款，这样，如果发生危机，金融市场失灵，就可以通过贴现窗口向金融机构提供流动性，或者在其他金融紧缩时期，即使不发生系统性的危机，也可以用贴现窗口增强流动性。

不过，即使建立了联邦储备系统，二战以来，美国也多次面临金融压力。下面我们简要回顾最近的几次，重点关注的是美联储是如何通过提供流动性来缓解金融压力的。

相对较近的一次金融压力发生在1970年，以一家重要的商业票据发行商——宾州中央公司（Penn Central Corporation）的破产为导火索。当时政策制定者和市场参与者都担心这样一家主流票据发行商的破产会严重打击商业票据市场的信心，因为对其他票据发行商稳定性的担忧将会阻碍其发行的商业票据的流通，从而限制短期融资的流通。因此，宾州中央公司的破产可能会牵连其他公司，甚至引发全面的金融恐慌。为了防止这种情况发生，美联储以两种方式为金融市场注入了流动性。第一，各个联邦储备银行通知其所属地区的存管机构，贴现窗口可以帮助它们向那些无法流转商业票据的客户发放贷款；第二，美联储与联邦存款保险公司

（Federal Deposit Insurance Corporation）、联邦住房贷款银行董事会（Federal Home Loan Bank Board）联手暂时抬高了联邦储备系统Q条例（Regulation Q）所规定的部分大额存款证的利率上限，为银行提供了另一种融资方式，来增加贷款。

我们要讨论的第二起金融不稳定事件是1987年的股市崩盘。这段金融压力时期的主要问题是，当时的股票和期货市场的清算和结算系统都濒临崩溃边缘。为了保持这两个市场有序运作，经纪公司需要从银行获得大量资金，以满足清算和结算机构追加保证金的要求。尽管经纪公司需要额外的资金，但鉴于市场经历了一场空前的大变动，银行对证券公司的运营情况十分敏感，向经纪公司放款自然也谨慎得多。为了解决这个问题，美联储发表声明，强调自己已经做好准备为金融机构提供资金流动性，以此支持经济和金融系统的稳定性。这一次，美联储强调它将高调地、比以往更早地通过公开市场操作的方式提供流动性。美联储还与市场参与者积极展开沟通，尽量协调好市场反应。

1987年股市崩盘事件的显著特点是，美联储提供的流动性相对有限——在崩盘后不久，美联储通过公开市场操作临时注入约120亿美元，这个金额在当时不算低，但是也不算特别高。因为央行在迅速地（在1天之内）采取行动稳定市场，银行向证券公司发放借款的时候就不再那么充满顾虑了，而它们原本预计根本不会参与到央行的维稳行动之中。因此，美联储不需要直接借钱给银行，就能鼓励银行向需要资金来清算客户账户的证券公司提供贷款。此举使市场恢复了信心，对危机的恐惧迅速消退。

在应对紧随2001年的"9·11"恐怖袭击而来的危机之中，美联储的提供流动性的举措也有着生死攸关的作用。这些危机主要指的是：在金融机构之间的支付、结算和信息交流系统的暂时崩溃。由于无法获得资金、支持正常运营，许多金融机构向央行求援，美联储于是向金融系统注入了大量流动资金，注资方式主要是贴现窗口贷款（从袭击发生前的2亿美元左右飙升至最高时的460亿美元）和回购协议（从250亿美元暴涨，最高时达到800亿美元以上）。美联储还通过与外国央行协调调整换汇额度，让其他国家提供更多的美元，增强了美元的流动性。由于美联储采取了上述措施，美国的金融系统中依然有充分的信贷流通，也避免了给宏观经济带来严重的不利后果。

我们要讨论的最后一次金融不稳定事件是2007年过去几个月的市场动荡。对市场的担忧最开始发端于次贷行业，随后蔓延到各个市场，参与者开始大规模地规避风险，投资者更多地追求安全性和流动性，结构性金融产品的发行和交易急剧放缓甚至完全停滞，一些资产支持的商业票据流通不畅，国库券市场的收益率大幅波动，银行间融资市场的利差也高得不正常。为了防止这些问题加剧演变从而导致家庭部门和企业发生严重的信贷紧缩，美联储使用了几种工具向金融系统注入流动性。2007年8月10日，美联储宣布将进行公开市场操作，目标是要推动银行间市场交易向目标联邦基金利率靠拢，同时强调贴现窗口可以提供资金流动性。8月17日，联邦储备委员会批准贴现窗口基础贷款利率（即基准利率）下调50个基点，以便为财务状况稳定的存款机构提供期限长达30天的定期融资。此外，由于购买美国国债的人对风险规避的要求越来越高，美联储宣布，从系统公开市场账户（System Open Market Account）借入证券的最低费用暂时降低，从100个基点下调到50个基点。虽然市场运作肯定尚未恢复正常，现在就判断美联储的举措最终是否成功还为时尚早，但这些行动及9月联邦公开市场委员会（FOMC）会议关于放宽政策的决定都有助于改善短期融资市场的状况，同时也有助于稳定投资者信心，让投资者相信，如果需要，他们一定可以获得流动性。

## 政策问题

如上所述，美联储已经能够在有必要的时候向市场和金融机构提供流动性，从而减少金融不稳定对宏观经济产生的负面影响。因此，提供流动性可以说是美联储实现其目标（即最大化地提供可持续的就业机会和稳定物价）的关键工具。上面回顾的几次代表性的金融不稳定事件也表明，当金融不稳定发生时，如果美联储能越快地提供流动性，其效果就越好。美联储对1987年股市崩盘的快速反应就是一个很好的例子，充分说明想要恢复正常的市场秩序并不需要直接借贷，只需要注入少量的流动性就能解决问题。

　　虽然提供流动性无疑是一种有效的方法，但这种方法也有成本。如果管理不善，就会导致银行愿意承担极高的风险，换句话说，注入流动性可能会产生另一种形式的道德风险。而这种道德风险将会让整个金融系统的稳定性恶化，这就和提供流动性的初衷背道而驰了。如果中央银行非常频繁地向资不抵债的金融机构贷款，那么道德风险就会增加。不过，美国1991年出台了《联邦存款保险公司改进法案》（the Federal Deposit Insurance Corporation Improvement Act），对美联储向财务困难的金融机构提供贷款进行了一些限制，解决了道德风险的问题。该法案还对美联储一级信贷工具（primary credit facility）的使用进行了规定，只允许为经营状况良好、拥有优质抵押品的机构提供贷款。[①] 美联储需要通过不向破产机构借贷来减少道德风险，而它必须充分掌握相关信息，才能判断出某家能使用贴现窗口的金融机构究竟是否经营良好。也正是考虑到这一点，央行必须对能够使用贴现窗口的机构进行适当的监督。

　　央行为了弥补流动性不足而提供贷款时，也可能出现道德风险。但我认为，比起向财务困难的金融机构提供贷款，这种情况下的风险要低一些。由此，我联想到了市场由于外部原因受损的情况——很多金融机构原本很稳健，但由于市场基础设施受损或发生起源于非银行部门的金融不稳定事

---

① 美联储的二级信贷项目（适用于没有一级信贷资格的金融机构）也要求借款机构提供优质抵押品。

件,这些金融机构也会面临破产风险。在这种情况下,美联储的干预肯定是有益的,也很可能起到遏制道德风险的作用。

传统金融危机预防机制可以回溯到桑顿和白芝浩的研究。他们认为,在恐慌期间,央行应该是最终的放款人,以惩罚利率进行自由放贷。基于惩罚利率放贷是规避道德风险的另一种方式,因为这样可以敦促金融机构保持充分的流动性,避免高利率借贷。事实上,正是出于这个目的,美联储的常设机构才会收取高于目标联邦基金利率的利率。

桑顿和白芝浩提出的基于惩罚利率放贷的标准是一项重要原则,但央行还须根据实际情况确定一个合适的惩罚利率。例如,如果金融不稳定起源于非银行部门,那就可以向银行提供流动性,再由银行向金融系统中失灵的机构和部门注资,帮助这些部门复苏。事实上,在宾州中央公司破产事件中,这种机制已经起到了一定作用。但是,如果银行为了获取额外的流动性,就必须支付巨额罚款,那为财务困难的部门提供贷款对它们来说无利可图,这种情况下,央行就可以适当降低在贴现窗口借贷的惩罚利率,这样也能更充分地彰显央行的意图——提供足够的流动性,以促进金融市场运作。美联储在2007年8月17日就把基准利率下调了50个基点。

有些存款机构财务状况良好,但是可能会由于信息不足或运营中断等问题而无法获得资金,公开市场操作可能也无法为一些需要资金的银行提供储备。这种情况下,如果央行设置了贴现窗口,就有了一种更具针对性的工具,可以在不加剧通胀的前提下更好地应对金融动荡。

但是,借贷利率下调难道不会加剧道德风险吗?我认为,只要遵守两条原则,这种情况就应该不会发生。第一,下调借贷利率应该是暂时性的,只有在明显存在系统性风险的特殊情况下才能下调,不能让市场参与者期待央行会经常给予这种借贷条件;第二,不管在什么情况下,商业银行在借出从央行那里获取的资金时,都应该对自己的信用判断负责。

## 结论

国会赋予了美联储双重使命——稳定价格和促进就业（最大限度地实现可持续就业），而想要完成这两项使命，美联储必须在金融不稳定时期提供流动性。美联储如何更好地提供流动性，是学者和政策制定者未来将不断思考的一个重要问题。

弗雷德里克·S. 米什金（Frederic S. Mishkin）

2007 年10 月26 日

于美国金融历史博物馆

# 后 记

　　1907年发生在纽约的那场金融恐慌，在所有金融危机的研究中具有一种独特的价值。所谓金融危机就是市场失灵，需要政府快速高效系统地行动起来。因此，在金融危机爆发之后，我们往往看到的是这样一幅景象：央行和政府力挽狂澜、大手笔地砸钱救市，成为遏制危机的中坚力量。这时候，舆论大多予以肯定。但是，当央行和政府带领社会走出危机之后，人们对救市行动的批评之声却相当广泛而深刻。比如2008年美国金融危机之后，对美联储量化宽松货币政策的抨击就此起彼伏。在危机结束之前和之后，人们对救市态度由褒到贬的逆转，仿佛存在一个"救市悖论"。一百多年前的那场大恐慌，核心的救市人物也毫不例外地掉入这个"救市悖论"的怪圈之中，但又不仅如此。它为这个悖论增加了一个不可复制的主角，从而让这个悖论更加完整。

　　一般而言，当金融危机爆发的时候，核心的救市力量来自央行和政府。但在1907年这场金融危机之前，美国的金融体系中并没有央行这一角色。在这场危机之后，美联储才呱呱坠地。因此，在核心救市力量缺乏系统性的救市工具，金融体系内部缺乏整体行动的官方调度人，而金融体系又相当复杂、内部有不同的利益纠葛的时候，对于大恐慌的研究就格外有价值：在央行缺失的时候谁来填补这个角色？

他们如何承担和运行这个职责？这部分的研究可以让我们对企业家精神、对压力之下的人性有更多的认知和理解。

贯穿本书的一条主线，是政府、行业组织和金融巨鳄之间的冲突如何引发和推动了此次危机。这三者又如何在危机的压力下从对抗、博弈，最终走向联盟，从而击退危机。我们通过大量的篇幅来复盘这个过程，落笔的重点放在银行挤兑和证券市场几乎崩溃这两个危机的核心部分，按照时间顺序逐渐展开。

在今天看来，这三种力量构成了市场和监管的主体，他们之间始终保持一种有张力的平衡。当政府通过司法力量来干预市场时，要对由此导致的不确定性保持警觉。比如，大恐慌发生的背景之一是针对铁路运输反垄断法案的出台，将铁路运输的定价权从垄断企业手中收归到政府。对全社会来说，这当然是一种福祉，但在当时，铁路是一个支柱型产业，对一个支柱型产业的盈利模式进行彻底的颠覆，会对市场带来巨大的不确定性。

行业组织是否能够不偏不倚地处理内部分歧，也是监管层需要考虑的，特别是对金融行业。大恐慌带给我们的教训之一，就是当信息不能在行业之外充分披露的时候，当行业的内部事务对外不够透明的时候，行业组织有可能无法妥善处置内部矛盾。当矛盾激化或者恶化到内部不能处置的时候，矛盾便被推向社会，从而引发动荡。这也意味着，只有精明的局内人才能知道，危机的根源是早就埋下的。但在矛盾爆发之前，却又很难逆势而为。

在几乎所有和1907年大恐慌相关的文献中，摩根都是一个灵魂人物。在当时，摩根已经从最辉煌的巅峰步入退休状态，每天大部分的时间花费在他收藏的艺术品上。他被默认为救市总指挥完全是一个民间自发的过程。书中有相当一部分篇幅都和摩根有关，但我们想强调的是，摩根只是民间私人资本救市力量中的一个代表人物，虽然他绝对是最重要的人物，但不是救市的全部力量。在强大的民间救市力量中，有不少人在之前和摩根是有过嫌隙的，有的人甚至曾经在证券市场上与摩根惨烈地厮杀过。但在大恐慌期间，他们对摩根的挺身而出给予高度的认同，有的人成为摩根救市团队中的一员，有的人以其他的方式与摩根携手合作，为市场注入确定性，比如洛克菲勒兄弟。媒体也对摩根的救市给予了英雄般的赞颂。

在最后两章中，我们特地用一些篇幅描绘了当时国会对货币集中度的调查，引用了报告的核心结论，并且披露了摩根作证时的大量证词。对摩根救市团队的指责，一方面是他们没有得到国会的授权却几乎扮演了美联储的角色，更多的是对摩根一手遮天、肆意操纵垄断价格的抨击。摩根的救市努力几乎被全部推翻。

在1907年大恐慌之后的金融危机中，人们批评的对象全部是政府和央行；这是可以理解的，因为人们往往认为政府部门总是低效的。但对于1907年大恐慌的反思，人们批评的对象是以摩根为代表的民间救市力量。虽然摩根绝非一般的金融家，他可以派自己的手下和总统谈判而不是自己亲自出马，他可以直接当面质问总统和司法部长的监管意图并且咄咄逼人，虽然他的一生中不止一次地救市，但是在他成功化解危机之后，却得到来自官员的指责、来自政府的调查、来自舆论的抨击，这让救市悖论显得更加魔幻。

在分析危机爆发和演化的同时，我们试图为救市寻找一个普遍的行动准则。这是相当困难却最具价值的挑战。我们的结论中最核心的一点是"创造确定性"。我们相信，创造确定性是救市的灵魂。谁能够创造最大的确定性，谁能够让确定性穿透社会，谁就能够战胜危机。但如何创造确定性，是每一场危机中最精彩又最需要智慧的地方。

也许有人会质疑：一百年前的一场金融危机怎么可能对今天的金融体系提供借鉴？那时候金融体系的规模和运行方式和今天迥然不同。那时候的现金，除了纸币还包括黄金，而今天数字货币已经箭在弦上。在书中，我们特地通过一些细节的对比来提醒大家，一百年前的金融危机在本质上和今天并没有太大的不同，救市的逻辑和过程也没有太大的不同。用一个不太准确的物理学的比喻，如果正常状态是一个匀速运动的过程，危机的爆发就是一个加速运动的过程。因此，虽然一百年前和一百年后的金融体系处于不同的匀速运行状态，但危机爆发的加速度几乎是一样的。

在我们写作期间，恰逢新冠肺炎疫情在全球暴发和蔓延，这给我们提供了另一个视角来剖析大恐慌，我们比较了病毒导致的经济危机与银行坏账导致的金融危机两者的相同和不同，这也算是一种意外的收获。

这本书的诞生是一件谁都意想不到的事情，包括我们自己。历时两年的研究过程充满艰辛，我们甚至一度因为找不到头绪而中止了这个项目。出于行文的考虑，书中有我们出于推测而撰写的文字，我们已经将这些内容的影响降到最小的程度，并且最大限度地基于已知的事实做出推测，所有的错误都由我们来负责。

虽然我们已经将语言尽量简洁，将故事尽量简化，将人物尽量压缩，但要通读这本书，并非易事。即便我们已经反复修改，对阅读来说，这实在是一次不那么愉悦的体验：突然之间冒出那么多外国人的名字，银行、信托公司之间复杂而危险的关系，"结算行"这个从来没有听说过的机构却异常重要，财政部国库纽约分库、纽约证券交易所，华尔街23号，错综复杂的时间线和这些陌生的地点交织在一起……不是因为别的，而是因为这是一个危机爆发导致的必然。但克服这些困难之后，当你和摩根一起连夜清点贷款抵押物，和财政部长一起目睹那些搬运黄金的壮观场面，从政府、行业组织和金融巨鳄之间的博弈来理解何为智慧、何为勇气，何为人性，每个人会有自己的感悟。

有太多的人要感谢。感谢长江商学院的支持。感谢刘作永、张佳茜和杨凯涵，他们是我们的翻译团队，虽然我们从未谋面。感谢蓝狮子工作室的总编辑陶英琪和编辑韦伟。没有英琪的认可，这本书最终可能只是一个商学院的教学案例。感谢韦伟的鼓励和鞭策。临近截稿的时候，每周一她对进展的例行问候，搓着小手期待的表情，总是让我们不敢有丝毫懈怠。感谢我们的家人，他们给了我们最好的一切。

黄春燕　史颖波

2020 年 12 月 5 日

图书在版编目（CIP）数据

1907美国大恐慌 / 黄春燕 史颖波著. —杭州：
浙江大学出版社，2021.7
ISBN 978-7-308-21042-3

Ⅰ. ①1… Ⅱ. ①黄… ②史… Ⅲ. ①金融危机—
研究—美国—1907 Ⅳ. ①F837.125.9

中国版本图书馆CIP数据核字(2021)第096254号

**1907美国大恐慌**

黄春燕　史颖波　著

| | |
|---|---|
| 策　　划 | 杭州蓝狮子文化创意股份有限公司 |
| 责任编辑 | 杨　茜 |
| 责任校对 | 陈　欣 |
| 封面设计 | 王梦珂 |
| 出版发行 | 浙江大学出版社 |
| | （杭州市天目山路148号　　邮政编码　310007） |
| | （网址：http://www.zjupress.com） |
| 排　　版 | 杭州林智广告有限公司 |
| 印　　刷 | 杭州钱江彩色印务有限公司 |
| 开　　本 | 880mm×1230mm　1/32 |
| 印　　张 | 8 |
| 字　　数 | 213千 |
| 版 印 次 | 2021年7月第1版　2021年7月第1次印刷 |
| 书　　号 | ISBN 978-7-308-21042-3 |
| 定　　价 | 62.00元 |